PAPIER
FRESSERCHEN
MTM-VERLAG
DIE BÜCHER MIT DEM DRACHEN

Impressum:

Besuchen Sie uns im Internet:
www.papierfresserchen.de

© 2018 – Papierfresserchens MTM-Verlag GbR
Mühlstr. 10, 88085 Langenargen
info@papierfresserchen.de
Alle Rechte vorbehalten. Erstauflage 2018

Lektorat: Melanie Wittmann
Herstellung: CAT creativ
www.cat-creativ.at

Fotos: © Dr. Birgit Gollmann
Vignette: © girafchik – Adobe Stock lizensiert
Covergestaltung mit Bildern von © Dr. Birgit Gollmann

Gedruckt in der EU

ISBN: 978-3-86196-746-0 - Hardcover
ISBN: 978-3-86196-826-9 – Taschenbuch

Bambas Abenteuer

Aus dem Leben einer Gelbbauchunke

Dr. Birgit Gollmann

Text und Fotos

Inhalt

Wie alles begann   5

Die zweite Geburt   11

Ein Leben voller Gefahren   15

Die ersten Schritte   18

Regen!   22

Eine unerwartete Reise   26

Winter   32

Auf neuen Wegen   35

Auf der Suche nach Wasser   41

Am großen Bach   47

Eine neue Heimat   51

Frühlingserwachen   56

Bamba wird erwachsen   59

Partnersuche   63

Heimkehr   68

Der Kreis schließt sich   71

Wie alles begann

Es war ein warmer Frühlingstag Ende April. In den letzten Wochen war es kalt und regnerisch gewesen, doch nun hatte sich der Wind gedreht und brachte warme, trockene Luft aus dem Süden. Auch die Sonne schien bereits kräftig. Die meisten Laubbäume im Wienerwald waren schon über und über mit frischem grünen Laub bedeckt, nur die Blätter der Eichen waren gerade erst dabei, sich zu entfalten. Von überall her tönte der Gesang der Vögel – Amseln und Grasmücken, Meisen und Fliegenschnäpper. Sogar die Rufe eines Kuckucks waren schon zu hören.

Auf einer am Abhang eines Hügels gelegenen Wiese flogen Bienen und Hummeln auf der Suche nach Nektar von Blüte zu Blüte. Auch die Zitronenfalter, die sich vor dem Regen unter Blättern verborgen hatten, kamen aus ihren Verstecken hervor und flatterten über die Wiese. Eine Zauneidechse kroch aus ihrem Loch, um die wärmenden Sonnenstrahlen zu genießen. Durch den Westteil der Wiese floss ein kleiner Bach, der seinen Ursprung im Wald weiter oben am Hang hatte. Ein weiteres Bächlein begann mit einem Quellaustritt mitten auf der Wiese.

Quellaustritt auf einer Feuchtwiese

Jetzt, nach der Schneeschmelze und den vielen Regenfällen, sprudelte das Wasser geradezu aus der Quelle hervor. Entlang der beiden Gerinne gab es Tümpel in allen Größen. Manche waren sehr seicht, weil der Regen Schlamm und Erde in sie hineingeschwemmt hatte. Andere hingegen waren groß und tief, weil sich erst kürzlich ein Wildschwein in ihnen gesuhlt hatte.

Wo immer es auf der Wiese einen größeren Tümpel gab, erklangen leise glockenartige Rufe. Es waren Unkenmännchen, die hier ihr „Uh-uh-uh" erschallen ließen. Sie hatten schon seit Tagen in der Nähe der Gewässer auf wärmeres Wetter gewartet. Die Unkenweibchen hingegen hatten die regnerische Witterung der letzten Woche genutzt, um in der Wiese und dem angrenzenden Wald nach Nahrung zu suchen. Doch nun wanderten auch sie nach und nach zu den Gewässern, denn nur dort konnten sie ihre Eier legen.

In einem besonders großen und tiefen Tümpel, der nur ganz am Rand vom Quellbach durchrieselt wurde, rief ein großer, alter Unkenmann sein eintöniges „Uh-uh-uh". Er lebte seit vielen Jahren auf dieser Wiese und wusste genau, in welcher Art von Gewässer er gute Chancen haben würde, auf ein Unkenweibchen zu treffen.

Unkenmännchen im Tümpel

Plötzlich bemerkte er eine Bewegung zwischen den Binsenhalmen auf der gegenüberliegenden Seite des Tümpels. Mit einigen kräftigen Stößen seiner Hinterbeine schwamm er hinüber zum anderen Ufer. Dort näherte sich ihm vorsichtig eine fremde Unke, die ein wenig kleiner und etwas dunkler gefärbt war als er selbst.

Rasch schwamm das Männchen auf die neu angekommene Unke zu und klammerte mit seinen Armen ihren Körper. Doch ach, der Eindringling stieß einen gackernden Ruf aus, der sich ungefähr mit „Lass mich los, ich bin ein Mann!" übersetzen ließe. Gleichzeitig machte der Fremde abwehrende Bewegungen mit seinen Hinterbeinen. Das klammernde Männchen bekam die spitzen Warzen an deren Außenseite schmerzlich zu spüren. Das war zu viel! Es ließ den anderen wieder los. Aber damit war die Sache noch nicht erledigt. In seinem Tümpel wollte der Unkerich kein zweites Männchen dulden! Er schwamm den Eindringling von vorne an, um ihn zu vertreiben. Der andere hatte aber schon genug und suchte das Weite. Es gab ja auch noch andere Tümpel, die nicht von derart großen, kräftigen Unkenmännchen besetzt waren.

Der alte Unkenmann legte eine kleine Pause ein, doch schon bald regte das Geunke aus den Nachbartümpeln ihn an, von Neuem mit dem

Tümpel

Als Tümpel bezeichnet man ein kleines Gewässer, das von Zeit zu Zeit austrocknet. Tümpel können zum Beispiel entstehen, wenn sich Wildschweine oder andere Tiere an feuchten Stellen in einer Wiese oder im Wald im Schlamm wälzen (man sagt: „Sie suhlen sich"). Radspurtümpel findet man oft auf Feld- und Forstwegen, auf denen schwere Traktoren fahren.

Im Randbereich von Bächen und Flüssen bleiben nach einem Hochwasser Überschwemmungstümpel zurück. Wenn im Wald ein großer Baum umfällt, kann sich in dem Loch, das dadurch im Boden entsteht, ein sogenannter Baumsturztümpel bilden.

Das Wasser in einem Tümpel kann von einem Bach oder einer Quelle stammen. Manche Tümpel liegen so tief, dass sie zumindest zeitweise Verbindung zum Grundwasser haben. Viele Tümpel werden aber durch Schmelzwasser oder Regen und andere Niederschläge mit Wasser gefüllt. Wenn es lange Zeit nicht regnet, besonders wenn es heiß ist, trocknen sie aus.

Dann können in ihnen auch Landpflanzen wachsen, die mit ihren Wurzeln den Boden auflockern. Mit der Zeit füllen sich die Tümpel mit Laub und Erde. Letztlich bleibt keine freie Wasserfläche mehr übrig. Man sagt: „Der Tümpel ist verlandet."

Rufen zu beginnen. Wenig später tauchte wieder eine andere Unke am Tümpel auf. Dieses Tier war etwas größer und vor allem deutlich dicker als das Männchen. Der Rufer stürzte sich wieder hoffnungsvoll auf den Neuankömmling. Diesmal stieß er auf keine Gegenwehr. Bei der Unke, die gerade am Tümpel eingetroffen war, handelte es sich um ein Weibchen auf der Suche nach einem Gewässer, in dem es seine Eier ablegen konnte. Dazu brauchte es natürlich auch einen Partner.

Unken im Amplexus

Die Unkendame ließ sich willig von dem kräftigen Männchen klammern. Vielleicht war es gar nicht so sehr der Unkerich, der ihr gefiel, sondern der Tümpel, in dem er sich aufhielt. Wasser gab es zwar um diese Jahreszeit in fast jeder Vertiefung im Boden, aber so schöne herabhängende Binsenhalme, an die sie ihre Eier heften konnte, standen nicht in jedem Gewässer zur Verfügung. Das Weibchen schwamm immer wieder umher, teils an der Oberfläche, teils unter Wasser, und verschaffte sich so einen Überblick über den Tümpel. Zwischendurch ruhte es am Gewässerboden. Das Männchen ließ sich von ihr mittragen, ohne sich um die Richtung, die sie nahm, zu kümmern. Für ihn war es nur wichtig, sie festzuhalten.

Plötzlich erschien ein weiteres Unkenmännchen am Tümpel. Es hatte in einem der weniger schönen Wasserlöcher gerufen, doch bis jetzt war kein Weibchen dorthin gekommen. Nun war es auf der Suche nach einem besseren Ort. Als das Unkenpaar das nächste Mal an die Wasseroberfläche kam, entdeckte der Eindringling es und schwamm auf die beiden zu. Er versuchte nun ebenfalls, das Weibchen zu klammern – aber da war ihm ihr Partner im Weg, der laut gackerte und den zudringlichen Unkerich mit Tritten der Hinterbeine abwehrte.

Unkeneier an Binsen

Der Fremde versuchte daraufhin, das Weibchen von unten zu fassen, doch es drehte sich weg und bemühte sich, aus seiner Reichweite zu kommen. Nach einiger Zeit gab der Eindringling auf. Er hatte keine Chance, das starke Unkenmännchen zu verdrängen, und das Weib-

Fortpflanzung bei Unken und Co

Die in Österreich vorkommenden Froschlurche – dazu gehören Frösche, Kröten und Unken – legen ihre Eier ins Wasser. Man sagt: „Sie laichen." Dabei klammert das Männchen das Weibchen von hinten. Fachleute nennen diese Umarmung „Amplexus". Während das Weibchen die Eier abgibt, stößt das Männchen Samenflüssigkeit aus. Durch die Samenzellen werden die Eier befruchtet.

Jedes Ei ist von einer sogenannten Gallerthülle umgeben. Diese sieht aus wie eine durchsichtige Geleekugel. Das Gelege – der Laich – kann annähernd kugelförmig sein, wie zum Beispiel beim Spring- und Grasfrosch, oder wie eine lange Perlenschnur aussehen, etwa bei der Erdkröte. Unken wickeln ihre Eier in kleinen Portionen um Halme und Ästchen im Wasser oder sie legen sie einfach auf den Gewässerboden.

Nach der Befruchtung entwickelt sich aus jedem Ei ein Embryo. Der ist zunächst rund, wird dann allmählich länglich und schlüpft schließlich als kleine Kaulquappe. Die Gallerthülle wird dabei von innen durch Stoffe aus den Schlüpfdrüsen auf dem Kopf des Embryos aufgelöst. Die Kaulquappen atmen mit Kiemen, die zunächst als verzweigte Büschel beiderseits des Kopfes zu sehen sind; später werden sie von einer Haut überwachsen. Anfangs haben kleine Kaulquappen Haftscheiben, mit denen sie sich an Pflanzen oder Gelegeresten festhalten können. Wenn dann ihr Mund fertig entwickelt ist, schwimmen sie herum und suchen nach Nahrung. Diese raspeln sie mithilfe der Hornzähnchen ab, die in mehreren Reihen oberhalb und unterhalb der Mundöffnung stehen, oder sie zerkleinern sie mithilfe ihres schnabelartigen Hornkiefers.

chen wollte offenbar auch nichts mit ihm zu tun haben. Nun da sie sich ungestört fühlte, begann die Unkenfrau mit der Eiablage.

Sich wie im Tanz um einen der ins Wasser hängenden Binsenhalme drehend gab sie ein paar Eier ab. Das Männchen stieß gleichzeitig Samenflüssigkeit aus – und so nahm das neue Leben seinen Anfang. Die beiden wiederholten diesen Vorgang noch einige Male, unterbrochen von Erholungspausen, bis an fast jedem Binsenhalm ein kleiner Laichklumpen klebte.

Nach einer längeren Ruhepause hüpfte das Weibchen entlang des Gerinnes in den nächsten Tümpel weiter, wobei es das Männchen immer noch mit sich trug. In diesem kleineren Wasserloch legte sie zwei weitere Laichklümpchen ab. Dann hatte sie genug und entwand sich dem Griff des Männchens, indem sie sich möglichst lang und dünn machte und sich langsam von ihm wegbewegte. Er spürte, dass von ihr in nächster Zeit keine weiteren Eier zu erwarten wären. Daher versuchte er nicht lange, sie zu halten, sondern ließ sie bald los und kehrte in den größeren Tümpel zurück. Das Weibchen blieb noch einige Zeit im Randbereich des Wasserlochs sitzen und genoss die wärmende Frühlingssonne. Dann machte es sich auf den Weg zu einem dicht mit Schilf bewachsenen Teil der Wiese. Dort gab es kaum größere, sonnenbeschienene Gewässer, aber viele kleine Pfützen und gute Verstecke. Vor der Aufmerksamkeit zudringlicher Unkenmännchen würde es dort einigermaßen sicher sein.

Unkenlaich

Die zweite Geburt

Das Unkenmännchen hielt sich noch längere Zeit in dem schönen Tümpel auf. Es gelang ihm, noch ein weiteres Unkenweibchen anzulocken. So hingen schon bald mehr Laichklümpchen an den Binsenhalmen. Die Eier des ersten Weibchens hatten sich inzwischen merklich verändert. Die Gallerte – die geleeartige Eihülle – war nicht mehr so klar und durchsichtig wie am Anfang, da kleine Schlammteilchen an ihr kleben geblieben waren. Auch das Innere unterschied sich deutlich von dem der frischeren Eier. Letztere waren noch ganz rund, oben hellbraun und unten weißlich. In den älteren Laichklümpchen hatten die sich entwickelnden Embryonen bereits eine längliche Form mit einem zwar nicht deutlich abgesetzten, aber doch schon erkennbaren Kopf und einem kurzen Schwanz.

Amphibienlarven

Eine Larve ist ein Jugendstadium, das ganz anders aussieht als das fertig entwickelte Tier. Viele Insekten haben Larven. Bei den Fliegen nennt man sie Maden, bei den Schmetterlingen Raupen. Die Larven von „Froschlurchen" (wie zum Beispiel Unken, Fröschen und Kröten) heißen Kaulquappen. Bei den meisten Arten leben sie im Wasser.

Die Entwicklung kann je nach Art einige Wochen oder viele Monate dauern. Eine wichtige Rolle spielt dabei die Temperatur: Je wärmer es ist, desto rascher entwickeln sich die Kaulquappen.

Die Umwandlung zum „fertigen" Tier nennt man Metamorphose. Die Kaulquappe bekommt Beine; der Schwanz wird langsam abgebaut. Die Kiemen verschwinden, die Atmung erfolgt nun mit der Lunge. Haut und Augen verändern sich. Mund und Darm müssen ebenfalls umgebaut werden, da Frösche, Kröten und Unken im Gegensatz zu den Kaulquappen „räuberisch" leben: Sie fressen kleine Tiere.

Schon bald begannen sich die kleinen Lebewesen zu bewegen – sie drehten sich innerhalb der Gallerte oder zuckten zusammen, wenn sie durch eine starke Wasserbewegung erschüttert wurden.

Gut eine Woche nach dem Besuch des ersten Weibchens wurden diese Bewegungen bei einigen der Embryonen heftiger. Durch ihr Gezappel dehnten sie die Gallerthülle immer mehr aus. Schließlich gelang es der ersten kleinen Kaulquappe, sich aus der Eihülle zu befreien. Erschöpft von dieser Anstrengung hing sie an der Gallerte. So nach und nach schlüpften auch ihre Geschwister.

In den ersten Tagen bewegten sich die Kaulquappen nicht viel. Noch brauchten sie nichts zu fressen, da sie genug Energiereserven hatten. Daher hatten sie keinen Grund umherzuschwimmen, ganz im Gegenteil: Je ruhiger sie sich verhielten, desto geringer war für sie die Gefahr, von einem Fressfeind bemerkt zu werden.

Doch allmählich waren die Dottervorräte, welche die Kaulquappen aus dem Ei mitbekommen hatten, aufgebraucht und der Hunger meldete sich. Nach und nach begaben sich die kleinen Kaulquappen auf die Suche nach Nahrung: Algen und Bakterien, die sie von Pflanzen und Steinen abraspelten, kleine Lebewesen, die sie aus dem Bodenschlamm aufnahmen, und Reste von Pflanzen, die sie mit den Kiefern zerkleinerten. Dank des reichlichen Nahrungsangebotes wuchsen die Amphibienlarven rasch heran. Nun sahen sie nicht mehr wie kleine, flache Würmchen aus, sondern hatten schon die typische Form von Kaulquappen.

Sie waren nicht die einzigen Bewohner des Tümpels. Auf der Oberfläche liefen Wasserläufer umher. Sie ernährten sich von Insekten, die ins Wasser gefallen waren. Im Schlamm suchten Plattbauchlarven, aus denen einst Libellen mit einem dicken, zigarrenförmigen Hinterleib werden würden, nach kleine-

Wasserläufer

ren Tieren. Gelegentlich versuchten sie auch, eine der Unkenkaulquappen zu erwischen. So manch eine der Kaulquappen büßte dabei die Schwanzspitze ein, aber die Wunden verheilten schnell und der Schwanz wuchs wieder fast zur vollen Länge nach.

Mit ihrem lang gezogenen Hinterende, das ihnen wie ein Schnorchel zur Atmung diente, hingen Waffenfliegenlarven an der Wasseroberfläche. Sie knabberten gelegentlich an den Gallerthüllen von Unkeneiern, ohne aber ernstlichen Schaden anzurichten. Zum Glück für die Unkenkaulquappen wohnten in ihrem Tümpel keine wirklich bedrohlichen Räuber: Weder gefährliche Großlibellenlarven noch

Bild oben: Waffenfliegenlarve
Bild unten: Unkenkaulquappen

Wasserkäfer, weder Rückenschwimmer noch Krebse hatten ihren Weg in dieses Wasserloch gefunden.

Das hatte aber auch Nachteile: Da niemand den zahlreichen Kaulquappen nachstellte und außerdem der Wasserspiegel allmählich sank, war es manchmal schon ein wenig eng an den besten Stellen im Tümpel. Dazu kam noch die Konkurrenz bei der Nahrungssuche! Die älteren Kaulquappen hatten dabei einen gewissen Vorteil: Dadurch, dass sie größer und kräftiger waren, konnten sie sich beim Wettkampf um die besten „Weideplätze" eher durchsetzen. Es bestand zwar keine Gefahr, dass die Kaulquappen verhungern würden, aber die kleineren, später geschlüpften Larven wuchsen doch deutlich schlechter als ihre älteren Halbgeschwister.

Gelegentlich hatten die Kaulquappen allerdings Glück: Einmal stürzte zum Beispiel ein riesiger Regenwurm in den Tümpel und schaffte es nicht mehr hinauszukriechen. Da hatten die Kaulquappen tagelang genug zu fressen; eine so nahrhafte, eiweißreiche Mahlzeit war genau das, was sie brauchten, um groß und kräftig zu werden.

Die Tage wurden immer länger und die Sonne erwärmte den Tümpel mehr und mehr. Das kleine Bächlein, das ganz am Rand durch den Tümpel floss, brachte nur noch wenig Wasser von der Quelle – das reichte nicht zur Abkühlung. An besonders heißen, sonnigen Tagen suchten die Kaulquappen unter den dichten Polstern von Armleuchteralgen, die einen Teil des Tümpelgrundes bedeckten, Zuflucht. Dort unten, im Schatten der Pflanzen, blieb es relativ kühl. In den Morgen- und Abendstunden aber hielten sich die Unkenlarven am liebsten in den seichten Randbereichen auf, die dann eine angenehmere Temperatur hatten.

Ein Leben voller Gefahren

Viele der kleineren Wasserlöcher auf der Feuchtwiese trockneten allmählich aus. Die Unkenlarven, die dort heranwuchsen, mussten sich in immer kleineren Restpfützen zusammendrängen. Einige von ihnen wurden von Vögeln gefressen, die sich nicht einmal die Füße nass zu machen brauchten, um die Kaulquappen zu erwischen. Manche

Unkenkaulquappe

starben, wenn die kleine Wassermenge sich in der Sonne zu stark erwärmte, andere vertrockneten, wenn auch das letzte Wasser aus der Pfütze verdunstet war. Doch selbst wenn sie im feuchten Schlamm überlebten und durch einen der gelegentlichen Regenschauer noch einmal gerettet wurden, waren die Aussichten für ihre weitere Entwicklung nicht besonders gut. Unter den ungünstigen Lebensbedingungen wuchsen sie sehr schlecht. Doch in den großen Tümpel, der nicht allzu weit von der Quelle entfernt war, sickerte immer noch ein wenig Wasser nach. Dort bestand für die Kaulquappen einstweilen noch nicht die Gefahr zu vertrocknen. Dank der Algen, die dort wuchsen, wurden sie außerdem von Vögeln, die auf der Wiese nach Nahrung suchten, nicht so leicht gesehen.

Eines Tages spürten die Kaulquappen eine starke Erschütterung und flüchteten in den Schutz der Algen. Plötzlich wurde der Schlamm aufgewirbelt und ein behufter Fuß fuhr in ihrer Mitte in den Tümpelboden. Es war ein Wunder, dass keine der Kaulquappen zertreten wurde. Das Wildschwein – denn einem solchen gehörte der Fuß – zögerte kurz, ging dann aber weiter und ließ sich im nächsten, weiter unten gelegenen Wasserloch zum Suhlen nieder. Es tat dies mit solchem Schwung, dass ein Teil des Wassers aus dem Tümpel hinausschwappte, sogar bis in den oberen Tümpel. Mit dem Wasser kamen auch zwei Kaulquappen in den Tümpel, die aus dem selben Gelege stammten wie die älteren dort lebenden Unkenlarven. Sie hatten Glück gehabt – die meisten ihrer Geschwister im unteren Wasserloch überlebten den Besuch des Wildschweins nicht, sie landeten mit dem Wasserschwall in der Wiese, wo sie rasch vertrockneten, oder wurden von dem schweren Keiler in den Schlamm gedrückt und erstickten. Nur wenige gelangten in das kaum noch fließende Gerinne und schwammen und wanden sich zum nächsten Tümpel weiter.

Ein weiterer unwillkommener Besucher tauchte ein paar Tage später auf. Es war eine junge Ringelnatter, die auf der Suche nach Beute war. Die Kaulquappen flohen vor ihr, so gut sie konnten, und versuchten sich zwischen den Pflanzen zu verstecken. Doch nicht allen gelang das. Die Ringelnatter blieb mehrere Stunden am Gewässer. Erst als sie sich den Bauch so richtig mit Unkenlarven vollgeschlagen hatte, zog sie wieder ab.

Ringelnatter

Dennoch wurde das Gedränge im Tümpel nicht wesentlich geringer, da die Kaulquappen ja zusehends wuchsen. Allmählich entwickelten sie kleine Hinterbeine und schon bald waren an diesen einzelne Zehen zu erkennen. Gleichzeitig wuchsen auch ihre Vorderbeine, aber diese waren von außen noch nicht zu sehen. Sie entwickelten sich in der Kiemenhöhle. Doch eines Tages war es so weit: Eine besonders gut entwickelte, große Unkenkaulquappe befreite ein Vorderbein aus der schützenden Hülle und wenig später waren bereits alle vier Beine sichtbar.

In den nächsten Tagen hielt sich die vierbeinige Kaulquappe meist unauffällig am Gewässergrund oder zwischen den Pflanzen auf. Im Gegensatz zu ihren immer hungrigen, weniger weit entwickelten Geschwistern fraß sie in diesen Tagen nichts. Ihr Mund war gerade dabei, sich von einem mit Raspelzähnchen und Hornkiefern ausgestatteten Schab- und Beißapparat in ein breites Frosch- (Verzeihung, Unken-) Maul zu verwandeln. Hunger litt sie trotzdem keinen: Sie hatte ja ihren Schwanz! Den baute sie nach und nach ab, er wurde immer kürzer. Lungen hatte die Kaulquappe schon vor längerer Zeit entwickelt; sie hatte damit schon oft an der Oberfläche Luft geholt, wenn an warmen Tagen der Sauerstoff im Wasser knapp war. Doch nun verschwanden die Kiemen, mit denen sie unter Wasser hatte atmen können, völlig. Auf der Bauchseite wurde allmählich eine schwarze Fleckenzeichnung sichtbar.

Noch bevor sie den Schwanz ganz zurückgebildet hatte, machte Bamba, so wollen wir die kleine Unke nennen, erste kurze Ausflüge ans Ufer. Schließlich blieb vom Schwanz nicht einmal mehr ein Stummel übrig. Abgesehen von der Größe sah sie nun fast so aus wie ihre Eltern.

Noch hat diese kleine Unke einen langen Schwanz

Die ersten Schritte

Nun da der Schwanz sie nicht mehr behinderte, fiel Bamba die Fortbewegung an Land schon deutlich leichter. Dennoch blieb sie in den ersten Tagen in der unmittelbaren Umgebung ihres Tümpels, sodass sie mit ein oder zwei Hopsern wieder ins Wasser gelangen und dort abtauchen konnte, wenn sie sich bedroht fühlte. Ihr Schwimmstil war nun ein ganz anderer als in ihrer Zeit als Kaulquappe: Sie bewegte sich durch kräftige Schwimmstöße mit den Hinterbeinen vorwärts. Tauchen war nicht mehr ganz so einfach wie früher, musste sie doch nun, da sie keine Kiemen mehr besaß, von Zeit zu Zeit an die Wasseroberfläche, um Luft zu holen. Allerdings konnte sie auch über die Haut Sauerstoff aufnehmen und hielt es daher lange unter Wasser aus. Mit der Fortbewegung an Land waren täglich neue Erfahrungen verbunden. Am Rand des Tümpels wuchsen Pflanzen, die sich deutlich von den Algen, die Bamba aus dem Tümpel kannte, unterschieden. Außerdem lebte hier eine Vielzahl von Insekten und anderen Tieren, die der kleinen Unke bisher noch nicht begegnet waren. Einige davon, wie zum Beispiel die großen grünen Grashüpfer, waren Furcht einflößend. Auch

Artporträt der Gelbbauchunke

Unken sind mit Kröten und Fröschen verwandt, sie gehören aber innerhalb der Froschlurche in eine eigene Familie. Ihre Haut ist ein wenig warzig und auf der Oberseite braun. Der Bauch einer Gelbbauchunke ist gelb mit schwarzen Flecken. Typisch für Unken ist die Form ihrer Pupille: Sie erinnert an ein Herz oder einen verkehrten Tropfen.

Die nächste Verwandte der Gelbbauchunke ist die Rotbauch- oder Tieflandunke. Diese kommt vor allem in Flussniederungen vor. Die Gelbbauchunke hingegen ist eher im Hügelland und in Bergregionen zu finden. Sie wird daher auch Bergunke genannt.

den Spinnen, die fast so groß waren wie sie selbst, wich Bamba sicherheitshalber aus. Doch es gab auch Lebewesen, die viel kleiner waren als sie: Milben, Ameisen, Springschwänze, Blattläuse und viele andere mehr. Für diese begann sich die kleine Unke nun sehr zu interessieren – sie hatte Hunger!

Es gelang ihr nicht gleich beim ersten Versuch, eines dieser kleinen Krabbeltiere zu erbeuten, doch beim zweiten oder dritten Zuschnappen schaffte sie es, ihre erste Beute zu erwischen. Mit etwas mehr Übung wurde ihre Technik besser – und sie brauchte viele von diesen kleinen Tieren, um satt zu werden. Hin und wieder fing sie aber auch ein größeres, nahrhafteres Beutetier. Ein besonderer Glücksfall war eine Raupe, die fast genauso lang war wie die Unke selbst. Nicht, dass es Bamba leichtgefallen wäre, diesen fetten Brocken zu überwältigen! Erst beim vierten oder fünften Versuch gelang es ihr, die Raupe mit den Kiefern richtig zu packen, nämlich nicht in der Mitte, sondern an einem Ende. Und dann musste sie sie noch hinunterwürgen. Langsam, Millimeter für Millimeter, schob sie die Raupe in sich hinein, bis sie schließlich ganz verschwunden war. Anfangs wand sich das Beutetier noch, was sich für Bamba sehr unangenehm anfühlte, doch schließlich erstarben die Bewegungen der Raupe. So voll war Bambas Magen noch nie gewesen!

Nicht lange nach Bamba bekamen auch ihre Geschwister nach und nach vier Beine. Schon bald begann es, im Umkreis des Tümpels von kleinen Unken nur so zu wimmeln. Nicht alle überlebten ihre ersten Tage an Land. Manche wurden von Vögeln gefressen, ein besonders kleines Ünklein fiel einer Spinne zum Opfer. Aber es waren immer noch viele Jungunken da, die alle nach Nahrung suchten. Kleine Beutetiere wurden allmählich knapp; die Unken mussten ihr Jagdrevier ständig vergrößern. Das war aber gar nicht so einfach: Es hatte in den letzten Wochen nur wenig geregnet, abseits der Tümpel war die Bodenoberfläche daher staubtrocken. An manchen Stellen, wo einst seichte Tümpel gewesen waren, entstanden tiefe Trockenrisse. Auf einem derartig trockenen Untergrund hielten es die kleinen Unken bei dem warmen Wetter nicht lange aus, da sie über die Haut ständig Flüssigkeit verloren. Um nicht zu vertrocknen, mussten sie immer wieder ins Wasser

Quelltümpel

zurückkehren. Wie konnten sie da abwandern? Es blieb ihnen nichts anderes übrig, als sich entlang des nur noch schwach rieselnden Gerinnes hangaufwärts zu bewegen.

Weit kamen sie auf diesem Weg nicht: Der Quellaustritt, aus dem das Gerinne entsprang, war kaum zehn Meter von Bambas Geburtsort entfernt. Weiter oben, Richtung Waldrand, war der Boden genauso trocken wie abseits des kleinen Bächleins und der wenigen noch vorhandenen Wasserlöcher in diesem Teil der Wiese. Doch immerhin war der Quellbereich wesentlich größer als Bambas Tümpel. Zum Teil wuchsen dort Armleuchter- und Fadenalgen so dicht, dass die kleinen Unken auf der Oberfläche der Algenwatten herumhüpfen konnten, ohne einzusinken. Doch nur unter der dicken Algenschicht, dort, wo kühles Wasser aus dem Boden sickerte, konnten sie Schutz vor der Sonnenhitze finden. Für so kleine Unkenkinder wie Bamba war es allerdings gar nicht einfach, sich einen Weg durch den Algendschungel zu bahnen. Die großen Unken taten sich da etwas leichter.

Auch die Wildschweine wussten das Wasser und den kühlen Bodenschlamm zu schätzen. An heißen Tagen konnten sie sich hier beim Suhlen abkühlen, außerdem schützte sie die Schlammschicht, die an ihrem Borstenkleid hängen blieb, vor lästigen blutsaugenden Insekten. Wenn sich so ein großes Tier dem Quelltümpel näherte, spürten die Unken, die sich im und am Wasser aufhielten, die Bodenerschütterung oft schon, lange bevor sie den Besucher sahen. Dann war es gut, wenn sie sich möglichst rasch aus den gefährlichsten Bereichen – das waren einige Stellen am Rand des Quells, an denen keine Algen wachsen konnten, weil sich die Wildschweine dort immer wieder suhlten – zurückzogen. Wehe der Unke, die unter ein Wildschwein geriet! Sie wurde von ihm in den Schlamm gedrückt, und selbst wenn sie durch das Gewicht, das da auf ihr lastete, nicht schwer verletzt wurde, so konnte sie doch nicht mehr an die Oberfläche, um Luft zu holen, und ging elendiglich zugrunde. Doch das passierte glücklicherweise nur äußerst selten.

Bamba wurde einmal von einem Wildschwein in einem Tümpel überrascht und schaffte es nicht mehr, ihn rechtzeitig zu verlassen. Aber sie hatte großes Glück: Als das Wildschwein sich langsam und genüsslich hinlegte, wurde die kleine Unke mitsamt einem Großteil des Wassers einfach aus der Suhle hinausgeschwappt und fand sich auf der Schlammfläche daneben wieder. Rasch brachte sie eine sichere Entfernung zwischen sich und das Schwein, das auf der Suche nach einer bequemen Liegeposition mit Wasser und Schlamm um sich spritzte. Nach dieser Erfahrung reagierte Bamba rasch auf jede Bodenerschütterung. Am oberen Rand des Quelltümpels gab es unter der überhängenden Uferböschung einige kleine Löcher und Gänge, die ihr bei solchen Gelegenheiten als sicherer Zufluchtsort dienten.

Bild oben: Wildschwein
Bild unten: junge Unke

Regen!

Unter den Jungunken, die sich im Bereich des Quellaustritts aufhielten, war Bamba die größte und kräftigste. Sie war ja früh im Jahr aus dem Ei geschlüpft und in dem Tümpel, in dem sie als Kaulquappe gelebt hatte, war es ihr ziemlich gut gegangen. Viele andere Kaulquappen wandelten sich erst mitten im Hochsommer zu Unken um und die meisten von ihnen waren kleiner und weniger gut entwickelt, als Bamba es bei der Metamorphose gewesen war. Bamba hatte durch ihre Größe einen gewissen Vorteil bei der Nahrungssuche: Sie konnte etwas größere Futtertiere verschlingen als ihre kleineren Artgenossen. Viel half das allerdings nicht, denn solche Beute begegnete ihr nur selten. Sie konnte aber auch weiter springen und sich schneller fortbewegen, sodass sie rascher flüchten konnte, wenn wieder einmal ein Wildschwein zum Suhlen an den Quelltümpel kam.

Diese kleine Unke hat die Metamorphose schon fast beendet

Übrigens wuchsen auch in diesem relativ kühlen Gewässer einige Kaulquappen heran. Die meisten von ihnen waren Bambas Halbgeschwister. Ihre Mutter hatte sich im Juni noch einmal verpaart, diesmal mit einem nicht ganz so großen Männchen, und hatte ihre Eier in den Quellbereich gelegt; im April wäre es ihr hier noch zu kalt gewesen, aber im Frühsommer war das Wasser bereits warm genug für eine rasche Entwicklung der Kaulquappen. Noch waren die Kleinen aber nicht so weit. Sie würden noch einige Zeit wachsen müssen.

Von den kleinen Unken, die Bamba ursprünglich am Quelltümpel angetroffen hatte, verschwanden einige im Lauf der Zeit. Zum Teil gingen sie am Gerinne, das allerdings kaum noch Wasser führte, wieder ein Stück abwärts, zum Teil kehrten sie von nächtlichen Ausflügen in die Wiese nicht zurück. Einige waren ums Leben gekommen, andere hatten den Weg in den feuchteren Westteil der Wiese gefunden. Dennoch nahm die Anzahl der Unken an dem Tümpel nicht ab, da immer wieder Unkenkinder, deren Tümpel ausgetrocknet waren, dorthin kamen und außerdem die hier lebenden Kaulquappen nach und nach ihre Metamorphose beendeten. Die erwachsenen Unken, von denen sich mehrere über längere Zeit am Quelltümpel aufgehalten hatten, wanderten allerdings nach und nach ab. Für dieses Jahr war die Fortpflanzungszeit vorbei, wenn auch das eine oder andere Männchen von Zeit zu Zeit noch einmal hoffnungsvoll sein „Uh-uh-uh" ertönen ließ. Für die großen Unken war es nicht so schwierig, in den westlichen Teil der Wiese zu gelangen oder auch Quelltümpel und Bäche im angrenzenden Wald aufzusuchen. Sie kannten den Weg ja schon aus früheren Jahren. Außerdem kamen sie wesentlich rascher voran als die frisch metamorphosierten Unkenkinder. So bestand für sie kaum Gefahr, unterwegs zu vertrocknen. Im August hielten sich fast nur noch Jungtiere am Quelltümpel auf.

Obwohl der Sommer im Allgemeinen recht trocken war, regnete es immer wieder einmal. Manchmal gingen sogar sehr heftige Gewitterregen nieder. Aber all diese Regenfälle waren zu kurz und nicht ergiebig genug, um die Tümpel aufzufüllen. Bei der drückenden Hitze, die schon seit Wochen herrschte, verdunstete das Wasser sehr rasch wieder, oft noch bevor es auf den Boden gelangt war. Auch die Pflanzen litten schon unter der Trockenheit. Doch Ende August änderte sich das Wetter. Es kamen immer mehr Wolken auf und schon bald bildeten sie eine dichte Decke. Und dann begann es zu regnen, und wie! Drei Tage lang ging der Regen auf die ausgedörrte Erde nieder. Anfangs fielen große, schwere Tropfen; für die kleinen Unken war es recht schmerzhaft, von so einer herabfallenden Wassermasse getroffen zu werden, weswegen sie Zuflucht unter Wasser oder in Löchern in der Uferböschung suchten. Dann ging der Niederschlag allmählich in einen ruhigen Landregen über. Doch selbst diese kleineren Tropfen waren für die Unken unangenehm. Bamba vermied daher in dieser Zeit die offene Fläche des Tümpels. Sie saß entweder unter Wasser zwischen den Algen oder hielt sich in den dichten Seggen- und Binsenbeständen im Umkreis des Tümpels auf. Die Pflanzen schützten sie weitgehend vor dem Regen, zumindest wurden die Tropfen durch die Halme gebremst und schlugen nicht mehr so heftig auf.

Da alles rundum nass war, war Bamba nicht mehr gezwungen, in der unmittelbaren Umgebung des Quelltümpels zu bleiben. Sie dehnte ihre Erkundungsgänge auf der Wiese immer weiter aus. Als der Regen schließlich aufhörte, war der Boden so nass wie schon seit der Schneeschmelze nicht mehr und der Quellbach floss wieder richtig stark. Von den Tümpeln waren viele zugeschwemmt worden, weil das abrinnende Wasser Bodenteilchen mitgerissen hatte, die sich dann in den Wasserlöchern ablagerten. Glücklicherweise hatten die meisten Kaulquappen die Metamorphose schon vorher beendet gehabt.

Bei ihren Wanderungen geriet Bamba schließlich auf die Westseite der Wiese, die von einem etwas größeren Bächlein durchflossen wurde. Hier gab es viele feuchte Stellen und Tümpel, in denen die kleine Unke immer wieder ein erfrischendes Bad nehmen konnte. Allerdings war

Kleine Unke im Wasser

dieser Bereich dicht mit hohem Schilf bewachsen. Nur an wenigen Stellen drangen Sonnenstrahlen bis zum Boden. Auch waren hier weniger Kleintiere unterwegs, zumindest in Bambas Reichweite. In dem feuchten Boden lebten nur wenige Käfer und Milben. An die Blattläuse auf den Schilfblättern aber kam die kleine Unke nicht heran. Bamba suchte bevorzugterweise die offeneren Stellen in diesem Schilfdickicht auf. Entlang des kleinen Nebengerinnes des Baches konnte sie sich leichter fortbewegen als im dichten Schilf. Außerdem war es nicht so schattig. Durch den Regen hatte sich die Luft merklich abgekühlt und an den darauffolgenden Tagen wurde es nicht richtig warm. So war der kleinen Unke jeder Sonnenstrahl willkommen.

In dem Schilfdschungel, in dem sie nun lebte, traf sie nur relativ selten Artgenossen. Viele erwachsene Unken hatten die feuchte Witterung genutzt, um in den Wald abzuwandern, wo sie sich bis zum Beginn der Winterruhe aufhalten würden. Außerdem war die Fläche so groß und der Pflanzenwuchs so dicht, dass die hier umherstreifenden Unken einander nur selten begegneten. Erst als Bamba weiter unten am Hang einen offenen Bereich mit ein paar größeren Tümpeln entdeckte, hatte sie wieder etwas mehr Gesellschaft. Einige der kleinen Unken waren hier in diesen Wasserlöchern geboren, ein paar andere waren so wie Bamba von der anderen Seite der Wiese gekommen.

An den kühleren Herbsttagen, die nun folgten, saßen die kleinen Unken oft stundenlang am Rand der Tümpel, in jenem Bereich, in dem keine Pflanzen wuchsen, und sonnten sich oder suchten nach Nahrung. Um gute Überlebenschancen für den Winter zu haben, mussten sie wachsen und einige Fettreserven anlegen. Zwar wussten die Unkenkinder nicht, was ihnen bevorstand, aber ihr Instinkt sagte ihnen, dass sie möglichst viel fressen müssten.

Freilich, die Nächte waren nun manchmal schon so kalt, dass Bamba sich nur noch ganz langsam und träge bewegen konnte. Wenn dann der Tag ebenfalls kühl war, etwa weil es regnete oder dichter Nebel die Sonnenstrahlen nicht bis zur Wiese durchdringen ließ, nahm sie kaum Nahrung zu sich, sondern hielt sich die meiste Zeit in irgendeinem Versteck auf.

Eine unerwartete Reise

Eines Tages, als nach einem heftigen Regenschauer wieder die Sonne hervorgekommen war, hüpfte Bamba am Ufer des Baches umher. Nicht weit von ihr entfernt landete eine große Fliege und begann sich mit den Vorderbeinen das Gesicht zu putzen. Bamba erstarrte in der Bewegung, dann schlich sie sich tief geduckt an. Als sie in Reichweite war, sprang sie mit einem großen Satz zur Fliege hin, öffnete den Mund und schnappte zu. Sie erwischte die Fliege am Hinterleib, aber der Großteil des Insekts befand sich außerhalb ihres Mundes. Die Fliege war nicht nur groß, sondern auch kräftig. Sie zappelte und wand sich, verzweifelt bemüht, aus dem Unkenmaul zu entkommen. Ihre heftigen Bewegungen bewirkten, dass Bamba das Gleichgewicht verlor und in den Bach fiel.

Nach all dem Regen führte der Bach ungewöhnlich viel Wasser und floss rauschend dahin. Bamba, die immer noch mit der Fliege kämpfte, hatte keine Chance, gegen die Strömung anzukommen, und wurde mitgerissen. Mit geradezu schwindelerregender Geschwindigkeit ging es stromabwärts, vorbei an Steinen, Ästen und Wurzeln von Bäumen, die in das Wasser ragten. Mehrmals stieß die kleine Unke gegen irgendwelche Gegenstände, aber sie kam nicht dazu, an ihnen Halt zu suchen. So trug das Wasser sie immer tiefer in den Wald, der sich unterhalb der Wiese erstreckte, hinein.
Allmählich ließ das Gefälle nach und die Strömung wurde schwächer. Erschöpft ließ sich Bamba, immer noch mit der Fliege im Maul, dahintreiben, bis sie in einen ruhigeren Bereich hinter einem großen, im Wasser liegenden Ast geriet. Mit einigen Stößen ihrer Hinterbeine schwamm sie zum Ufer.

Nach einer kurzen Erholungspause schlang sie die Fliege hinunter, die keine Gegenwehr mehr leistete, weil sie das kalte Bad nicht überlebt hatte. Dann bewegte sie sich langsam und zögernd vom Ufer weg. Sie hatte keine Ahnung, wo sie war. Zwar hatte der Bach sie nur etwa zweihundert Meter weit transportiert, aber für die kleine Unke war das eine ungeheure Entfernung. Rund um sie herum sah alles vollkommen fremd aus. Sie war noch nie unter einem Baum gesessen, bisher hatte sie derartig riesige Pflanzen nur von Weitem gesehen, sie aber nicht beachtet, weil sie in ihrem bisherigen Leben keine Rolle gespielt hatten. Nun aber war sie von zahlreichen Baumstämmen verschiedener Dicke umgeben. Der Boden im flachen Randbereich des Baches war mit einer dicken Schicht aus alten, erst teilweise verrotteten Blättern bedeckt. Dort, wo das Gelände steil anstieg, war der Boden kahl, Blätter hatten sich nur in Vertiefungen und im Bereich von Wurzeln, die an der Oberfläche verliefen, angesammelt. Noch hatten die Bäume ihr diesjähriges Laub nicht abgeworfen. So gelangte nur wenig Licht bis zum Waldboden. Deswegen gediehen dort auch nur wenige Gräser und Kräuter. Immerhin wuchsen auf den alten Baumstümpfen Moose, die dank des feuchten Wetters ihre Blättchen weit ausgebreitet hatten.

Bamba war klein und leicht genug, um sich über die dicke Laubschicht zu bewegen, ohne darin einzusinken. Statt dem Verlauf des Baches zu

Der Speisezettel von Unken

Unken sind bezüglich der Nahrung nicht wählerisch: Sie fressen alle möglichen wirbellosen Tiere, die nicht zu groß, zu hart oder zu wehrhaft ist. Auf ihrem Speiseplan stehen diverse Bodentiere wie Milben, Springschwänze, Asseln, Käfer, Spinnen, Würmer und Schnecken, weiters Tiere, die auf Pflanzen leben wie zum Beispiel Blattläuse, Raupen und Heuschrecken. Fliegende Insekten können sie erbeuten, wenn diese sich in ihrer Reichweite hinsetzen oder ins Wasser fallen.

Unken suchen nämlich nicht nur an Land nach Nahrung, sondern schnappen auch nach Tieren, die sich auf der Wasseroberfläche oder unter Wasser aufhalten. Deswegen gehören auch Gelsenlarven und Kleinkrebse zu ihrer Beute.

folgen, wodurch sie zu ihrer heimatlichen Wiese zurückkehren hätte
können, arbeitete sie sich ein Stück weit die steile Uferböschung hinauf. Schließlich fand sie eine geschützte Stelle zwischen den Wurzeln
eines umgefallenen Baumes. Hier konnte sie sich von den Strapazen
des Tages erholen und die fette Fliege, deretwegen sie in den Bach
gefallen war, in Ruhe verdauen.

Es kam Bamba gar nicht in den Sinn, den Rückweg zur Wiese zu suchen. Stattdessen wanderte sie langsam am Bach weiter abwärts.
Schon bald merkte sie, dass zwischen den abgestorbenen Blättern
alle möglichen kleinen Krabbeltiere lebten. Da gab es Springschwänze
und Milben, Asseln und Tausendfüßler, Schnecken, Käfer, Spinnen und
verschiedene Würmer. Nicht alle von diesen waren als Beute für die
Unke geeignet. Die Asseln waren recht hart und die größeren unter
ihnen brachte Bamba einfach nicht hinunter. Auch die Tausendfüßler und Käfer waren gut gepanzert, daher konnte die Unke nur eher
kleine Exemplare überwältigen. Was die Würmer betraf: Die großen
Regenwürmer waren viel länger als Bamba und zum Teil fast genauso
dick. Sie hätten in ihrem Magen keinesfalls genug Platz gehabt! Einige
der Spinnen waren direkt zum Fürchten groß. Die kleineren Nacktschnecken konnte Bamba zwar fressen, so richtig gut schmeckten sie
ihr aber nicht und der klebrige Schleim, den sie abgaben, war ihr unangenehm. Sie litt jedoch nie Hunger.

Wie bei allen wechselwarmen Tieren hing ihr Stoffwechsel von der
Umgebungstemperatur ab. Je kälter es war, desto langsamer liefen die
Vorgänge in ihrem Körper ab und desto weniger Energie verbrauchte
sie. Auch ihre Bewegungen waren bei niedrigen Temperaturen langsam und sie legte keine großen Entfernungen zurück.

Nach ein paar Tagen erreichte Bamba auf ihrer Wanderung einen
Waldrand. Zwar wuchsen entlang des Baches auch weiter bachabwärts
Bäume, doch beiderseits dieses schmalen Waldstreifens erstreckte
sich eine große Wiese. Inzwischen hatten die Regenfälle nachgelassen
und es wurde noch einmal relativ warm. Da wagte Bamba sich nicht
allzu weit aus dem Wald hinaus. Sie machte aber immer wieder kleine
Ausflüge auf die nahe Wiese. Die Bäume verloren nach und nach ihre

Blätter und immer häufiger drangen Sonnenstrahlen bis zum Waldboden. Bamba konnte daher auch im Wald noch so manches herbstliche Sonnenbad genießen. In der Laubschicht blieb es auf jeden Fall feucht, sodass sie nicht Gefahr lief zu vertrocknen, selbst wenn sie sich in einiger Entfernung vom Bach aufhielt.

Eine große Schnecke

Gelegentlich begegneten ihr auf ihren kurzen Erkundungsgängen Tiere, mit denen sie bisher noch nichts zu tun gehabt hatte. Eines Tages stieß sie auf eine schwarze Schnecke mit einem leicht gewölbten braunen Gehäuse. Dieses war so groß, dass Bamba wohl darin Platz gefunden hätte, wenn es nicht bewohnt gewesen wäre. Doch das Erste, was die kleine Unke von der Schnecke sah, war einer der langen Fühler, den die Schnecke hinter einer Wurzel hervorstreckte. Bamba schnappte nach dem kleinen, gestielten Köpfchen, ohne zu wissen, worum es sich eigentlich handelte. Die Schnecke zog den Fühler sofort zurück, und als Bamba hinterhersprang, fand sie sich Aug in Aug mit einem Tier wieder, das deutlich größer war als sie selbst. Sie blieb zunächst wie erstarrt sitzen, doch als die Schnecke ihren Weg fortsetzte und wie eine breite Walze auf sie zukam, suchte sie das Weite.

An einem kühlen, regnerischen Herbsttag wurde Bamba durch ein Geräusch aufgeschreckt. Es klang so, als würde sich ein Tier, das deutlich größer war als sie, über das feuchte Laub bewegen. Sie drückte sich möglichst eng an den Boden und blickte in die Richtung, aus der das Geräusch kam. Zuerst erschien ein länglicher Kopf mit abgerundeter Schnauze, dann ein lang gestreckter Körper auf vier nicht allzu langen Beinen. Das Tier war schwarz mit leuchtend gelben Flecken und hatte einen langen Schwanz. Es war ein Feuersalamander! Im Vergleich zu

Auch der Feuersalamander hat eine schwarz-gelbe Warnfarbe

der kleinen Unke war er ein Gigant.

Zu einer raschen Flucht war die erschrockene Unke an diesem kühlen Tag nicht imstande. Statt fortzuspringen, drückte sie ihren Rücken durch und hob die Beine und den Vorderkörper an. Die Hände legte sie über die Augen, sodass ihre gelb-schwarze Unterseite zu sehen war. Diese Warnfarbe signalisierte: „Ich bin giftig, lass mich in Ruhe!" Der Salamander zögerte kurz, setzte dann aber seinen Weg fort. Immerhin hatte auch er eine solche Warnfarbe.

In den nächsten Tagen hatte Bamba immer mehr das Gefühl, dass sie etwas suchte, ohne genau zu wissen, was. Sie war rastlos, und wann immer die Witterungsbedingungen es erlaubten, streifte sie umher. Sie fand unterwegs verschiedene Rastplätze: kleine Hohlräume unter Steinen und Wurzeln, Löcher im Boden, ein dichtes Moospolster ... Aber an keinem verweilte sie länger, es waren einfach nicht die richtigen Orte.

Doch Ende Oktober, als die Nachttemperaturen kaum noch über dem Gefrierpunkt lagen, fand sie nicht allzu weit vom Bachufer entfernt, was sie brauchte. Unter dem Wurzelstock eines riesigen Baumes, der vor Jahren umgefallen war, führte ein Gang zu einem Labyrinth aus

Tunneln und Kammern. Zum Teil waren dies Hohlräume, die beim Umstürzen des Baumes durch das Herausreißen der Wurzeln entstanden waren, zum Teil hatten hier Mäuse und andere kleine Tiere weitergegraben. Bamba erkundete das Gangsystem und gelangte in eine Kammer tief unter der Erdoberfläche, in der einige halb vermoderte tote Blätter lagen. Hier traf sie auf andere Unken verschiedener Größe, die eng an den Boden oder in Nischen gedrückt herumsaßen. Sie würden hier den Winter verbringen und auf den Frühling warten.

Im Laufe der nächsten Tage trafen noch weitere Unken und auch ein paar halbwüchsige Frösche ein. In anderen Teilen des Hohlraumsystems wohnten sogar Salamander und eine Äskulapnatter. Nun da sie diesen Ort gefunden hatte, wurde Bamba ruhiger. Auch sie suchte sich einen Platz, an dem sie von allen Seiten gut geschützt war, und drückte sich an den Boden. Zwar wusste sie nichts von den Härten des Winters, aber ihr Instinkt sagte ihr, dass sie nun an diesem Ort bleiben musste.

Tarn- und Warnfarben

Wenn eine Unke auf dem Gewässergrund oder am Ufer sitzt, ist sie nur schwer zu entdecken, da ihre braune Rückenfarbe sich kaum von der Umgebung abhebt. Bei Bedrohung flüchten Unken meist ins Wasser oder suchen Deckung unter Pflanzen, Holz oder Steinen. Wenn aber eine Flucht nicht möglich ist, nehmen sie eine „Kahnstellung", auch „Unkenreflex" genannt, ein.

Dabei biegen sie ihren Rücken so durch, dass Teile der gelb-schwarzen Unterseite sichtbar werden. Gleichzeitig heben sie Arme und Beine an und drehen die Unterseite von Händen und Füßen nach außen.

Eine auffällige gelb-schwarze (oder rot-schwarze) Färbung ist im Tierreich eine Warnfarbe: Sie zeigt, dass der Besitzer giftig oder sehr wehrhaft ist. Wenn ein Beutegreifer schon einmal eine schlechte Erfahrung damit gemacht hat, wird er in Zukunft nicht mehr versuchen, ein solches Tier zu fressen. Allerdings gibt es auch Tierarten, die „nur so tun, als ob". Die harmlosen Schwebfliegen zum Beispiel ahmen mit ihrer Färbung Wespen nach, um ihre Fressfeinde zu täuschen.

Winter

Unter den Unken, die das Winterquartier mit Bamba teilten, waren einige, die schon seit Jahren immer wieder diese Stelle aufsuchten. Hätte Bamba eine ältere Unke um Rat fragen können, wo sie den Winter verbringen sollte, hätte ihr diese genau so einen Platz empfohlen. Das Winterquartier musste vor allem frostsicher sein, es durfte also nicht zu nahe an der Bodenoberfläche liegen. In einem kalten, schneearmen Winter konnten die obersten Bodenschichten durchfrieren. Dann war es um die Amphibien und Reptilien, die dort überwinterten, geschehen. Weiters sollten die Hohlräume auch nicht überschwemmt werden, etwa während der Schneeschmelze. Bambas Winterquartier lag am Abhang des Grabens, durch den der Bach floss. So würde Wasser, das eindrang, rasch abfließen. Auch war der Baumstumpf weit genug oberhalb des Baches, es bestand keine Gefahr, dass der Wasserspiegel bis dorthin steigen würde.

Nicht alle Jungunken, die zum ersten Mal überwinterten, hatten einen so guten Platz dafür gefunden wie Bamba. Einige waren auf der Wiese geblieben, wo es in den Uferböschungen der Gewässer viele kleine Gänge im Erdreich gab. Doch so manche davon verliefen eher knapp unter der Oberfläche. In einem milden Winter hätten die kleinen Unken dort überleben können. Doch in diesem Jahr setzte Ende Dezember starker Frost ein, in der Nacht sanken die Temperaturen auf zehn Grad unter dem Gefrierpunkt. Schnee, der den Boden mit einer dicken, isolierenden Schicht bedeckte, fiel erst Mitte Jänner. Da war es aber für all jene Unken, die in den oberen Bodenbereichen überwintert hatten, bereits zu spät.

Andere Unken hatten tief unter den Wurzeln eines morschen Baumes am Rand der Wiese Zuflucht gefunden. Doch während eines heftigen Sturmes im November wurde der Baum entwurzelt. Manche der Gänge, in denen Amphibien saßen, wurden dadurch frei gelegt. Andere blieben zwar verschont, aber es fehlte ihnen nun die dicke, isolierende Schicht aus Wurzeln und Erde. Den strengen Frost im Dezember überlebten die dort überwinternden Unken nicht. Das eine oder andere Winterquartier wurde auch durch die Wühltätigkeit der Wildschweine zerstört und ein großer Reisighaufen, zwischen und unter dem sich eine dicke, schützende Laubschicht angesammelt hatte, in der es warm war wie in einem Komposthaufen, wurde durch Forstarbeiter entfernt. Das Laub wurde daraufhin vom Wind verblasen und auch die Amphibien, die nicht unter die Räder des Traktors geraten waren, kamen um. Doch so schlimm das alles auch klingt: Die Unglücksfälle betrafen nur wenige, überwiegend junge, unerfahrene Tiere. Diejenigen, die schon einen oder mehrere Winter überlebt hatten, hatten zum Großteil wieder geeignete Winterquartiere gewählt. Und auch unter den Jungtieren gab es viele, die so wie Bamba das Glück gehabt hatten, einen perfekten Platz für die Überwinterung zu finden.

Bamba verbrachte mehr als fünf Monate in ihrem Quartier. Einem Menschen würde langweilig werden, wenn er so lange untätig in ei-

Unken im Winter

Unken sind, wie alle Amphibien, wechselwarme Tiere, das heißt, ihre Körpertemperatur ist von der Umgebungstemperatur abhängig. Wenn es kalt ist, verlangsamen sich alle Lebensvorgänge wie zum Beispiel Herzschlag und Atmung. Die Unke kann sich dann auch nur noch ganz langsam bewegen. Bei Temperaturen knapp über dem Gefrierpunkt braucht eine Unke nur wenig Energie und kann lange Zeit von den Fettvorräten, die sie im Sommer angelegt hat, leben.

Es gibt zwar manche Amphibien, etwa einige Froscharten in Nordamerika, die eine Art „Frostschutzmittel" in ihrem Körper haben und auch Temperaturen unter dem Gefrierpunkt überleben können. Unken vertragen aber keinen Frost. Sie müssen daher ein frostsicheres Winterquartier aufsuchen. Das können zum Beispiel Mauselöcher, Hohlräume unter Wurzeln, Spalten zwischen Steinen in Böschungen oder große Laub- und Reisighaufen sein. Im Gegensatz zu manchen anderen heimischen Amphibien, die im Winter ein Gewässer aufsuchen, überwintern Unken immer an Land.

nem engen, finsteren Raum sitzen müsste, aber für die kleine Unke war das kein Problem. Sie saß einfach ruhig da wie in einem tiefen, langen Schlaf. Je kälter es wurde, umso langsamer schlug ihr Herz und ging ihre Atmung. Das alles half, Energie zu sparen – sie musste ja bis zum Frühjahr durchhalten, ohne Nahrung zu sich zu nehmen! Glücklicherweise hatte sie früh im Jahr metamorphosiert und noch viel Zeit gehabt, Energiereserven anzulegen.

Für Unken, die erst im September oder Oktober ihr Kaulquappendasein beendet hatten und womöglich auch noch klein und schlecht entwickelt waren, war die Überwinterung hingegen gefährlich. Nicht alle von ihnen überlebten die kalte Jahreszeit.

In Bambas Winterquartier drang kein Sonnenstrahl und es war so gut gegen die Außenwelt abgeschirmt, dass der Anstieg der Temperaturen im Frühjahr zunächst dort kaum zu spüren war. Dennoch wurden die überwinternden Unken unruhig. Als Erstes verließ ein eher kleinwüchsiges Männchen mittleren Alters die Erdhöhle. Langsam, ganz langsam kroch es Mitte März hinaus und kam nicht wieder zurück. Die anderen Unken ließen sich noch Zeit, und das war gut so: Ende März wurde es noch einmal für kurze Zeit so richtig kalt. Erst Anfang April machten sich die anderen älteren Unken auf den Weg und kurz darauf verspürte auch Bamba den Drang, das Winterquartier zu verlassen. An einem sonnigen Tag Anfang April erblickte sie zum ersten Mal seit Monaten wieder das Tageslicht.

Auf neuen Wegen

Noch waren die meisten Bäume kahl, nur bei manchen begannen sich die Blattknospen schon zu öffnen. So konnten an wolkenlosen Tagen die Sonnenstrahlen bis zum Waldboden vordringen. In der Nacht war es aber oft noch sehr kalt, vor allem, wenn keine Wolken den Himmel bedeckten. Deswegen war Bamba eher tagsüber unterwegs und suchte abends ein geschütztes Versteck auf. So konnte ihr auch der Morgenfrost nichts anhaben. Die Laubschicht, auf der bis in den März hinein noch Schnee gelegen hatte, war immer noch sehr feucht. Bamba musste daher nicht unbedingt in der Nähe des Baches bleiben. Allmählich bewegte sie sich immer weiter von ihrem Winterquartier weg.

Eine richtig große Strecke legte sie aber erst zurück, als es einige Tage lang immer wieder regnete und wegen der dichten Wolkendecke die Nächte milder waren. Statt in eines der ihr bekannten Schlupflöcher zurückzukehren, wanderte Bamba immer weiter. Den Bach, in dessen Umgebung sie den Herbst verbracht hatte, ließ sie dabei weit hinter sich. Zunächst blieb sie noch am Waldrand, doch am zweiten Tag ihrer großen Wanderung wagte sie sich in die Wiese hinaus. Die war viel größer als diejenige, auf der Bamba ihre ersten Lebensmonate verbracht hatte. Für Unken hatte sie allerdings nicht so viel zu bieten. Zwar entdeckte Bamba gleich ein paar kleine Pfützen an einer Stelle, an der Wildschweine im Boden gewühlt hatten, aber so richtig schöne Quellaustritte, die auch im Sommer noch Wasser führen würden, gab es auf dieser Wiese nicht.

Einstweilen war das kein Problem: Es regnete tagelang weiter. Zwar war der Regen nicht sehr stark, aber mit der Zeit kam doch eine ziemliche Menge zusammen. Das kleine Bächlein, in dessen Nähe Bamba überwintert hatte, schwoll stark an. Doch davon merkte die kleine Unke nichts, sie war schon viel zu weit davon entfernt. Auf der Wiese fand sie trotz des Regens verschiedene Insekten, Milben und sonstige Bodentierchen und konnte sich endlich wieder einmal so richtig satt essen. Die Wiese war zwar im Spätsommer gemäht worden, aber an manchen Stellen, vor allem in Senken und rund um ein paar Bäume, war das Gras

Großer Tümpel

stehen geblieben. Unter den langen, abgestorbenen vorjährigen Blättern und Halmen fand die kleine Unke sichere Rastplätze, wenn sie in Ruhe ihre Beute verdauen wollte.

Im Laufe der nächsten Tage drang sie immer weiter in die Wiese vor – und kam zu einem Tümpel, der ihr riesig erschien. Tatsächlich war er nur etwa drei Meter lang, zwei Meter breit und höchstens einen halben Meter tief. Aber es war dennoch die größte zusammenhängende Wasserfläche, die die kleine Unke jemals gesehen hatte. Zunächst hatte Bamba gar kein Interesse daran, dieses Gewässer zu erkunden. Es war ja auch an Land überall nass. In der dichten Ufervegetation, die vor allem aus Binsen und Gräsern bestand, fühlte sie sich aber sehr wohl. Sie war nicht die einzige Unke hier, immer wieder begegneten ihr größere Artgenossen.

Endlich, nach fünf Regentagen, kam wieder einmal die Sonne hervor. Von der nassen Wiese stieg am Morgen überall Dunst auf, doch als es wärmer wurde, löste sich dieser Morgennebel rasch auf. Es war ein herrlicher Frühlingstag. Die Sonnenstrahlen erwärmten auch das Wasser des großen Tümpels, zumindest an der Oberfläche. Das hatte eine anregende Wirkung auf die erwachsenen Unken, die in den letzten Tagen hierhergekommen waren. Die Männchen begannen alsbald zu rufen. Sieben von ihnen waren große, kräftige Tiere, die schon seit einigen Jahren immer wieder an diesen Tümpel kamen. Zwei weitere waren deutlich kleiner. Sie waren erst zwei oder drei Jahre alt. Ihr zartes „Uh-uh-uh", in einer viel höheren Tonlage als das der großen, alten Männchen, wurde von deren lauteren Rufen fast völlig übertönt. Jedes der Männchen versuchte, sich ein eigenes Revier innerhalb des Tümpels zu sichern. Beim Rufen erzeugten sie mit kräftigen Stößen der Hinterbeine Wasserwellen, die den Konkurrenten anzeigten, dass dieser Platz schon besetzt war. Doch das hatte keineswegs immer die gewünschte Wirkung, immer wieder gerieten zwei Nachbarn aneinander, um die Reviergrenzen mit etwas direkteren Methoden abzustecken. Sie schwammen einander an, versuchten, den anderen zu klammern, und rangelten eine Zeit lang miteinander, bis einer der beiden nachgab und sich zurückzog. Die kleineren Männchen hielten sich überhaupt eher am Rand auf; sie hatten keine Chance, sich gegen die größeren Konkurrenten durchzusetzen.

Rufender Laubfrosch

Auch Bamba hielt sich abseits. Sie war noch viel zu jung, um sich für männliche Artgenossen zu interessieren. Für eine Unke, die erst eine Überwinterung hinter sich hatte, war sie mit fast drei Zentimetern zwar gut entwickelt, aber doch viel zu klein, als dass sie für die Männchen interessant gewesen wäre. Die warteten auf große Weibchen, die bereit waren, Eier zu legen.

Tatsächlich waren einige von diesen schon ganz in der Nähe: Sie hielten sich einstweilen noch zwischen den Pflanzen am Ufer auf. Einige weitere wanderten im Laufe des Tages herbei. Sie hatten sich von dem kleinen Bach, durch den auch Bamba einst weggeschwemmt worden war, von der Wiese weiter oben am Hang heruntertragen lassen. Nach und nach begaben sie sich ins Wasser und wurden sofort von den Männchen in Empfang genommen. Im Laufe der nächsten zwei Tage legten mehrere Weibchen ihre kleinen Laichklumpen an den ins Wasser hängenden Halmen der Binsen und an dem Gras, das während einer trockeneren Periode auf dem Tümpelboden gewachsen war, ab. Insgesamt waren es weit mehr als fünfhundert Eier!

Die Unken waren nicht die einzigen Besucher an diesem Tümpel: Auch ein paar Laubfrösche hatten sich eingefunden. So grüne, glatthäutige Frösche hatte Bamba noch nie gesehen. Sie waren ungefähr so groß wie die erwachsenen Unken, aber sie sahen ganz anders aus. Auch ihre Rufe klangen anders als die der Unken, sie waren viel lauter und aufdringlicher. Das war kein Wunder, hatten doch die Männchen eine große Schallblase an der Kehle, die sich mit Luft füllte und weit hervorwölbte, wenn sie ihre Stimme erschallen ließen. Auch die Laubfrösche hängten ihren Laich an die Binsen und Grashalme, manchmal direkt neben die Unkeneier. Die Froscheier waren allerdings ein wenig kleiner als die der Unken, dafür enthielten die Klümpchen meist wesentlich mehr davon.

Die Unkenweibchen hielten sich nicht lange an dem Tümpel auf. Einige kehrten auf demselben Weg, den sie gekommen waren, auf die höher am Hang gelegene Wiese zurück. Andere wanderten weiter hangabwärts zu einem größeren Bach, der zwar stark floss, aber auch einige ruhige Nebentümpel hatte. In deren Umgebung lebte es sich nicht schlecht. Die Männchen blieben länger, in der Hoffnung, dass nach den nächsten Regenfällen weitere Weibchen zu dem Tümpel kommen würden.

Doch es regnete in den nächsten Wochen kaum. Hin und wieder nieselte es ein wenig und einmal ging ein heftiges, aber kurzes Gewitter nieder. Doch das reichte nicht aus, um den Tümpel, dessen Wasserstand an den warmen, sonnigen Frühlingstagen immer niedriger geworden war, wieder aufzufüllen. So gaben schließlich auch die meisten der Männchen auf und zogen zu anderen Gewässern, in denen sie bessere Chancen auf Begegnungen mit laichbereiten Weibchen haben würden. Die Laubfrösche hatten sich schon bald nach dem Ablaichen wieder in den Waldstreifen entlang des Bächleins zurückgezogen, wo sie sich meist hoch über dem Boden in Sträuchern und Bäumen aufhielten. Außer Bamba blieb schließlich nur noch eines der jungen Männchen am Tümpel zurück.

Es wurde von Tag zu Tag wärmer und der Wasserstand im Tümpel sank zusehends. Inzwischen hatten auch einige Insekten dieses Gewässer entdeckt, darunter viele, die sich von Kaulquappen ernährten, wie zum Beispiel Rückenschwimmer, welche die Amphibienlarven mit ihren Beinen packten und sie dann aussaugten, sowie Gelbrandkäfer und deren Larven, deren furchtbaren zangenförmigen Kiefern kein Opfer entrann, das sie einmal gepackt hatten. Sogar ein halbwüchsiger Kammmolch tauchte eines Tages, als der Tümpel noch etwa halb voll war, auf und fraß sich an den Kaulquappen satt.

Bamba berührte das alles nicht sehr. Sie unternahm nachts, wenn die Wiese vom Tau feucht war, auf Nahrungssuche kleine Exkursionen in die Umgebung. Tagsüber suchte sie im Wasser oder zwischen den dicht wachsenden Pflanzen am Ufer Schutz vor der Sonne. Nur in den kühlen Morgenstunden sonnte sie sich am Rand des Tümpels. Ihr Lieblingsplatz war ein abgeflachtes Stück Holz, das zum Teil im Wasser lag. Dort landeten oft auch Fliegen und andere Insekten; gelegentlich gelang es Bamba, sich eines davon zu schnappen.

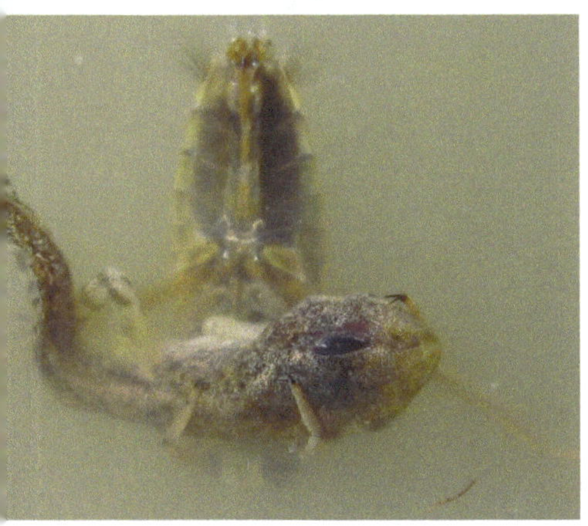

Rückenschwimmer mit Beute

Dank des guten Nahrungsangebots wuchs sie rasch heran und häutete sich, wenn immer ihr die Haut zu eng wurde. Beim Abstreifen der alten äußeren Hautschicht nahm Bamba die Hände zu Hilfe: Sie schob damit die Haut nach vorne über den Kopf und weiter in den Mund. So konnte sie wertvolle Stoffe, die darin enthalten waren, wieder nutzen.

Doch mit der Zeit wurde es am Tümpel recht ungemütlich. Nach Wochen ohne Regen enthielt er nur noch wenig Wasser; in der Mittagshitze wurde es darin so warm, dass sich Bamba dort gar nicht mehr aufhalten wollte. Wegen der Trockenheit konnte Bamba auch nicht mehr so weit umherstreifen; nur noch im Uferbereich des Gewässers war der Boden feucht genug für sie. Da wurde es auch schwieriger für sie, ausreichend Nahrung zu finden. Zwar lebten in der Wiese viele Grashüpfer, aber diese ließen sich nur schwer fangen. Die größeren Exemplare waren außerdem so kräftig, dass sie es manchmal schafften, sich loszureißen, wenn die Unke sie schon gepackt hatte. Mehr als einmal blieb Bamba nur ein Hinterbein einer Heuschrecke im Maul – und an dem war nicht viel dran.

Noch viel schlechter als Bamba ging es den Kaulquappen, die noch im Tümpel lebten. Sie fanden in dem seichten Wasser kaum Schutz vor der Sonne und vor den räuberischen Insekten, die der Hitze noch trotzten. Unter diesen ungünstigen Bedingungen wuchsen sie nur langsam. Keine von ihnen schaffte es, die Metamorphose zu beenden, bevor der Tümpel ganz austrocknete.

Überlebenschancen für Kaulquappen

Die meisten heimischen Froschlurche betreiben keine Brutpflege (eine Ausnahme sind die in manchen Gebieten Europas vorkommenden Geburtshelferkröten). Sie legen ihre Eier einfach im Wasser ab und kümmern sich nicht mehr darum. Nur wenige der Kaulquappen, die aus diesen Eiern schlüpfen, gelangen bis zur Metamorphose.

In vielen Gewässern leben räuberische Wasserinsekten, die sich unter anderem von Kaulquappen ernähren. Dazu gehören verschiedene Schwimmkäfer und deren Larven, Großlibellenlarven, Wasserwanzen wie der Rückenschwimmer und andere mehr. Molche und Wasserfrösche fressen ebenfalls Kaulquappen. Ringelnattern suchen oft Gewässer auf, um dort zu jagen. In größeren Gewässern, die nicht austrocknen, gibt es meist Fische, für die Kaulquappen eine leichte Beute sind (nur Krötenlarven schmecken ihnen nicht).

Verschiedenste Vögel fangen Kaulquappen. Besonders leicht haben sie es in kleinen Tümpeln, in denen sich die Amphibienlarven nicht verstecken können. Doch die größte Gefahr für die Kaulquappen ist in solchen Gewässern das Vertrocknen. Nicht selten überleben in einem Tümpel nur wenige oder auch gar keine Kaulquappen bis zur Metamorphose

Auf der Suche nach Wasser

Inzwischen war es richtig Sommer geworden. Auch nachts kühlte sich die Luft nur wenig ab und selten bildete sich Tau. Bamba verbrachte die meiste Zeit entweder unter einigen dicht am Ufer wachsenden Binsen, untere deren alten, liegenden Halmen es immer ein wenig feucht blieb, oder unter einem der Holzstücke, die ursprünglich mitten im Tümpel getrieben waren, nun aber an dessen Rand lagen. Einer der größeren Äste hatte einen länglichen Spalt an der Unterseite, in den Bamba sich mit etwas Mühe hineinquetschen konnte. Hier war sie perfekt geschützt, zumindest solange der Ast im Schatten des kleinen Baumes, der an der Schmalseite des Tümpels wuchs, lag. Als ihn aber ein Wildschwein, das sich in den traurigen Resten des Gewässers suhlte, verschob und er in der Sonne zu liegen kam, wurde es Bamba dort tagsüber zu heiß. Sie suchte daher wieder unter den Binsen Zuflucht.

Bamba spürte, dass es Zeit für sie war, sich einen anderen Aufenthaltsort zu suchen. Solange es aber so heiß und trocken war, wagte sie es nicht, sich vom Wasser – so wenig es auch war – zu entfernen. Doch eines heißen Tages tauchten immer mehr Wolken am Himmel auf und bildeten nach und nach hohe Türme.

Bamba hat einen Regenwurm erbeutet

Am späten Nachmittag brach ein Gewitter los. Es war kurz, aber heftig, ebenso wie der Regenschauer, den es mit sich brachte. Zwar drang der Niederschlag nicht sehr tief in den Boden ein, aber das Gras und die Bodenoberfläche wurden doch ordentlich nass. Bamba nutzte diese Gelegenheit und verließ, kaum dass der Regen aufgehört hatte, ihr Versteck. Zunächst konzentrierte sie sich auf die Nahrungssuche: So mancher Bodenbewohner wagte sich an die Oberfläche, manche Bodentiere waren auch vor dem Wasser, das in ihre Gänge eingedrungen war, geflohen. So kam Bamba zu einer fetten Mahlzeit in Form eines Regenwurms, dessen Wohnröhre überschwemmt worden war. Sie brauchte einige Zeit, um den Regenwurm, der mehr als doppelt so lang wie sie selbst war, hinunterzuwürgen. Dabei half sie mit den Händen nach und wischte so auch die anhaftende Erde ab. Schließlich hatte sie es geschafft.

Eigentlich wäre jetzt eine längere Verdauungspause angebracht gewesen, aber Bamba saß mitten in der Wiese, viele Meter entfernt von jedem Versteck und auch von jedem größeren Gewässer. Sie musste weiter. Sie wusste auch, wohin sie wollte: zurück zu dem Bach, an dem sie den vorigen Winter verbracht hatte. Sie nahm dabei aber nicht den Weg, den sie gekommen war, sondern bewegte sich einfach im relativ flachen Teil der Wiese auf den Waldstreifen zu, in dem das Bächlein floss. Unterwegs machte sie immer wieder kurze Pausen. Der Regenwurm lag ihr doch recht schwer im Magen! So dauerte es einige Stunden, bis sie den Bachlauf erreichte, obwohl die Entfernung kaum mehr als hundert Meter betrug.

Der Bach hatte sich seit den ersten Frühlingstagen deutlich verändert. Selbst nach dem kürzlichen Regenschauer floss er nur schwach. An manchen Stellen sickerte das Wasser sogar nur unterirdisch weiter, um etwas weiter abwärts wieder zutage zu treten. Doch das störte Bamba nicht: Fließendes Wasser mochte sie ohnehin nicht so gerne, ihr waren die größeren Kolke, in denen von der Strömung fast nichts zu merken war, gerade recht. Hier im Schatten der Bäume erwärmte sich das Wasser auch nicht so stark wie im Tümpel. Der Bach hatte sich im Laufe vieler Jahre immer mehr eingetieft. An manchen Stellen war das Ufer ziemlich steil, an anderen hing es sogar über. Bamba hatte somit eine reiche Auswahl an geeigneten Ruheplätzen. Ringsum standen Gräser und Kräuter. Da hier nicht gemäht wurde, waren sie höher als auf der Wiese.

Bamba war nicht die Einzige, die hier Zuflucht gefunden hatte. Bei ihren Streifzügen im Umfeld des Baches traf sie immer wieder auf andere Unken, aber auch auf Spring- und Grasfrösche, überwiegend Jungtiere, die so wie sie erst einen Winter hinter sich hatten. Im Vergleich zu der kleinen Unke konnten sie sich viel rascher fortbewegen, da sie mit ihren langen Beinen weite Sprünge machen konnten. Auch eine kleine Erdkröte begegnete Bamba. Diese war ungefähr genauso groß wie sie und ebenfalls braun, aber ihre Färbung war viel eintöniger als die einer Unke. Weder hatte sie einen auffällig gelb-schwarz gefleckten Bauch noch dunkle Flecken auf dem Rücken. Dafür hatte sie am Hinterkopf auffällige Drüsen. Ihre Pupillen waren im Gegensatz zu denen Bambas nicht tropfenförmig, sondern eher linsenförmig. Für eine Nacht teilte sie sich mit Bamba ein Versteck unter einem Borkenstück. Am nächsten Tag zog die Erdkröte dann weiter.

Mit der Zeit hörte der Bach völlig auf zu fließen. Nur an den tiefsten Stellen stand noch Wasser. Immerhin brachte das eine neue Nahrungsquelle für Bamba: Stechmücken legten in diesen Tümpeln ihre Eier ab. Die Larven, die aus den Eiern schlüpften, wuchsen rasch heran. Sie hingen meist mit ihren Hinterenden, an denen sich die Atemöffnungen befanden, an der Oberfläche, tauchten aber bei jeder Störung rasch unter. Bamba lernte schon bald, diese

Junge Erdkröte

Tiere nicht nur nahe der Oberfläche, sondern auch unter Wasser zu fangen. Oft sah sie sie dabei nicht einmal, sondern schnappte rasch zu, wenn eines der Insekten ihre Hand berührte. An so einer Gelsenlarve war zwar nicht viel dran, aber dafür gab es viele von ihnen. Freilich war Bamba nicht die Einzige, die ihnen nachstellte: Auch Rückenschwimmer und Wasserkäfer hatten ihren Weg in die Bachkolke gefunden und suchten hier nach Nahrung.

Bamba blieb nur selten mehr als ein oder zwei Tage an einem bestimmten Tümpel. Entlang des Bachlaufs gab es viele Stellen, an denen sie auf Futtersuche gehen oder rasten konnte, und sie erforschte immer wieder neue Gebiete. Große Strecken legte sie dabei zwar nicht zurück, meist nur wenige Meter am Tag, aber sie bewegte sich doch stetig bachabwärts. Schon bald kam sie zu einer Stelle, wo der Bachlauf durch ein Rohr führte. Wäre Bamba hier ans Ufer geklettert, hätte sie etwas völlig Neues kennengelernt, nämlich eine Forststraße. Doch sie nahm den Weg durch das Rohr. Es war ja nicht sehr lange, sie konnte am anderen Ende das Tageslicht sehen. Dort erwartete sie allerdings eine Überraschung: Das Rohr endete gewissermaßen in der Luft, es ragte über einen tief ausgebaggerten Kolk hinaus. Die Wasseroberfläche lag etwa zwanzig Zentimeter unterhalb der Rohröffnung.

Bamba wusste nicht recht, was sie tun sollte, als sie das Ende des Rohres erreicht hatte. Sie konnte zwar sehen und riechen, dass unter ihr Wasser war, aber sie konnte den Abstand nicht wirklich einschätzen. Im Gegensatz zu anderen Amphibienarten, die weite Sprünge machten – etwa wie ein Laubfrosch von Ast zu Ast oder von Blatt zu Blatt –, war das für sie normalerweise nicht wichtig. Beim Anspringen ihrer Beute legte sie nur kleine Strecken zurück.

Die Unke saß längere Zeit in der Rohröffnung. Sie hätte natürlich einfach umkehren können, doch irgendetwas trieb sie weiter. Schließlich machte sie einen kurzen Satz nach vorne und fiel in die Tiefe. Mit einem deutlich hörbaren Platsch landete sie im Wasser. Ihre Ankunft blieb nicht unbemerkt: Ein Tier, das deutlich größer war als sie, schwamm mit raschen Bewegungen seines länglichen Körpers und Schwanzes von der Mitte des Tümpels unter einen Stein, der auf dem

Boden lag. Bamba, die bei dieser unerwarteten Begegnung ebenso erschrak, tauchte in die entgegengesetzte Richtung weg und wühlte sich zwischen den Blättern, die sich unterhalb des Rohres angesammelt hatte, ein. Doch schon bald trieb sie die Neugier, den Kopf vorsichtig ein wenig hervorzustrecken und nachzusehen, was das fremde Tier machte.

Das große Bergmolchweibchen – denn um ein solches handelte es sich – hatte seinen Schreck bald überwunden. Ein Tier von Bambas Größe war keine Bedrohung für die Molchfrau, es war nur die plötzliche, schwungvolle Ankunft der Unke im Tümpel gewesen, die sie zur Flucht veranlasst hatte. Auch als Beute war Bamba nicht interessant für sie – für einen solchen Brocken war ihr Maul einfach nicht groß genug. Schon bald kam der Molch unter dem Stein hervor und nahm die Jagd nach Wasserinsekten und kleinen Krebschen wieder auf.

Bamba beobachtete dieses fremdartige Tier mit Interesse. Ganz ge-

Bergmolchweibchen

heuer war es ihr aber nicht. Seine längliche Körperform erinnerte sie doch irgendwie an eine Schlange. Und sie wusste schließlich nicht, wie groß seine Mundöffnung war. Es dauerte bei ihr viel länger als bei dem Molch, bis sie es wagte wieder aufzutauchen. Sie schwamm ans Ufer und sah sich um. Der Ort gefiel ihr nicht wirklich: Links und rechts stieg das Ufer fast einen halben Meter senkrecht an; in der Richtung, aus der sie gekommen war, ragte das Rohr aus einer Betonfassung heraus. Pflanzen wuchsen hier rund ums Wasser herum kaum. Nein, hier wollte die Unke nicht bleiben! Zurück konnte sie nicht mehr – zumindest nicht auf demselben Weg – und auch die steilen Seitenwände würde sie wohl kaum erklimmen können. So blieb ihr nur ein einziger Weg offen: Sie konnte den Kolk an seinem unteren, relativ flachen Ende verlassen.

Genau das tat Bamba auch. Mit einigen raschen Schwimmstößen durchquerte sie den Tümpel und ging in der Flachzone an Land. Dann folgte sie dem Bachbett, in dem zwar kein Wasser floss, das aber doch ein wenig feucht war, weiter stromabwärts. Und hier erlebte sie die zweite Überraschung des Tages: Das kleine Bächlein mündete in einen größeren Bach, in dem selbst in diesem regenarmen Sommer das Wasser noch richtig floss! So viel Wasser auf einmal hatte Bamba noch nie gesehen.

Am großen Bach

Die Unke blieb am Bachufer sitzen und betrachtete das vorbeifließende Wasser. Bamba hätte den Bach vermutlich problemlos durchqueren können, doch nach kurzem Zögern setzte sie ihre Wanderung am Ufer entlang bachaufwärts fort. Aber eigentlich hatte sie für diesen Tag genug vom Umherstreifen. In einem Baumstrunk, der halb im Wasser, halb an Land lag, fand sie einen Spalt, der ihr gerade genug Platz bot. Hier ließ sie sich für eine längere Rast nieder.

Der Spalt im Ast ist ein sicheres Versteck

An diesem großen Bach war es merklich kühler als in dem Waldstreifen, in dem Bamba zuletzt gelebt hatte. An beiden Ufern standen alte Bäume, durch deren dichtes Blätterdach kaum ein Sonnenstrahl drang. Direkt am Bachrand waren es vor allem Erlen, etwas weiter abseits wuchsen Hainbuchen und Feldahorne und oberhalb der zum Bach hin abfallenden Böschung gab es ein paar riesige Buchen, die schon weit über hundert Jahre alt waren. Tote Äste, die von diesen Bäumen abfielen, wurden von den Forstleuten nicht weggeräumt. So lag im und am Bach viel Totholz herum, das reichlich Deckung für Amphibien bot. Außerdem lebten in und unter den Ästen viele Insekten und sonstige Bodentiere – Käfer, deren Larven sich von dem verrottenden Holz ernährten, Tausendfüßler, Spinnen, Schnecken, Asseln und viele andere mehr.

Bild oben: Grasfroschkaulquappen im Bach
Bild unten: Grasfroschmetamorphling

Auch dieser Bach hatte sich an einigen Stellen tief in den Untergrund eingegraben und große, tiefe Kolke gebildet, in denen selbst in der trockensten Zeit immer noch viel Wasser zu finden war. In einigen dieser Kolke hatten sich im Frühjahr Grasfrösche zum Ablaichen eingefunden. Wäre Bamba früher hierhergekommen, hätte sie noch Tausende Grasfroschkaulquappen antreffen können, doch viele von ihnen waren den Fischen – Elritzen und kleinen Aiteln – zum Opfer gefallen, die in diesem Bach lebten. Andere waren von den Signalkrebsen erwischt worden, die ihre Verstecke zwischen den ins Wasser hineinragenden Wurzeln und unter den am Grund liegenden Steinen hatten.

Ein paar der Kaulquappen hatten es schon geschafft, ihre Metamorphose zu beenden. Bamba traf während ihrer Erkundungstouren am Bach daher immer wieder auf kleine Fröschchen. Manche von ihnen hatten noch einen langen Schwanz, hüpften aber dennoch schon am Ufer umher. Kaum zu glauben, dass die Unke vor rund einem Jahr nicht viel größer gewesen als diese kleinen Grasfrösche! Sie war in diesem einen Jahr tüchtig gewachsen und war schon deutlich über drei Zentimeter lang. Nicht vielen ihrer Altersgenossen war es so gut ergangen wie ihr. Sie war wohl eine der größten einjährigen Unken in dieser Gegend.

Obwohl Bamba an dem schattigen Waldbach genug zu essen fand und es auch reichlich Versteckmöglichkeiten für sie gab, gefiel es ihr hier nicht wirklich. Ihr fehlte einfach die Sonne! Zumindest in den relativ kühlen Morgenstunden hatte sie fast immer ein Sonnenbad genommen, doch hierher drang kein Sonnenstrahl. In dieser Hinsicht war es ihr an dem kleinen Bächlein im Waldstreifen besser ergangen: Der Wiesenrand war dort nur wenige Meter vom Bachlauf entfernt. Von dem Waldbach, an dem sie sich nun aufhielt, war die Entfernung zur nächsten Wiese wesentlich größer. Bamba wanderte nie weit genug vom Wasser weg, um den Waldrand zu erreichen. Das war auch gut so, denn dort wäre sie auf die Forststraße gekommen, die zwischen Wald und Wiese verlief – und das hätte schlecht für sie ausgehen können. Doch sie war irgendwie rastlos. Sie blieb nie lange an einer Stelle, sondern zog allmählich stromaufwärts, jeden Tag ein Stück weiter.

Nur gelegentlich durchwanderte sie zügig eine etwas größere Strecke, zum Beispiel in einem Bereich, in dem der Bach durch einen schmalen Graben zwischen steilen, hoch aufragenden Ufern dahinfloss. Hier gefiel es Bamba überhaupt nicht! Sie bemühte sich, diesen Bachabschnitt so rasch wie möglich hinter sich zu lassen.

Eines Tages wurde es vor ihr heller. Es schien, dass die Bäume dort vorne nicht mehr so dicht standen. Statt sich einen Rastplatz für die nächsten paar Stunden zu suchen, nachdem sie sich den Bauch mit kleinen Insekten vollgeschlagen hatte, zog Bamba weiter auf diesen hellen Bereich zu. Sie erreichte ihn am frühen Abend.

Hier hatten die Forstarbeiter vor ein paar Jahren die großen Bäume, die im Randbereich des Baches gestanden waren, gefällt. Nur noch einige Baumstümpfe zeugten davon, dass hier der Wald einst ebenso dicht gewesen war wie weiter unten am Bach. Nun wuchsen hier auf einer Strecke von mehr als hundert Metern nur Gräser, Kräuter und Stauden. So lag der Bach im Sonnenschein. Bamba suchte sich sofort einen guten Platz für ein Sonnenbad. Sie setzte sich auf ein feuchtes Stück Holz, das am Rand eines langen, schmalen Bachkolks lag, und genoss die Sonnenstrahlen – die ersten, die sie seit vielen Tagen fühlte! Hier wollte sie gerne bleiben.

Eine neue Heimat

In den nächsten Tagen erkundete Bamba nach und nach die Umgebung. An der Nordseite des Baches stieg der Hang steil an. Hier waren die Bäume nicht gefällt worden, aber ein paar hatten in dem steilen Gelände den Halt verloren und waren umgestürzt. Ihre Wurzelteller, an denen noch viel Erde haftete, ragten senkrecht in die Höhe. Bei Regen würde sich das Wasser, das am Hang abfloss, in den Löchern sammeln, die durch das Entwurzeln der Bäume entstanden waren. Viele andere noch stehende Bäume waren schon ein Stück abgerutscht und in eine schiefe Lage gekommen. Ihr Stamm wies ein „Knie" auf, wo er begonnen hatte, wieder senkrecht nach oben zu wachsen. Zwischen den Bäumen war der Boden größtenteils kahl, nur am Bachufer standen ein paar Farne. Die Wurzeln der Bäume waren mit dichten Moospolstern bewachsen.

Durch die Äste wird der Bach aufgestaut

Am anderen Bachufer erstreckte sich eine ebene Lichtung. Zwischen den dicht wachsenden Kräutern, Brombeerbüschen und anderen Pflanzen gab es reichlich Kleintiere und auch viele Versteckmöglichkeiten. Der Bach selbst hatte sich an einigen Stellen tief eingegraben und auch das Ufer ein wenig unterspült. Es gab aber auch Bereiche, in denen das Ufer flach war. Stellenweise war der Bach durch Ansammlungen von toten Ästen und Stammstücken aufgestaut. In diesen ruhigen Abschnitten war die Strömung kaum zu spüren. Außerdem entdeckte Bamba ein paar Nebentümpel, deren seichtes Wasser sich rasch erwärmte. Es war ein wunderbares Sommerquartier für Unken, zumindest für solche, die nicht vorhatten, sich fortzupflanzen.

Bamba war nicht die Einzige, die diesen schönen Ort entdeckt hatte. Immer wieder traf sie bei der Nahrungssuche und an verschiedenen Ruheplätzen, die sie aufsuchte, andere Unken. Die meisten von ihnen waren so wie sie Jungtiere, die noch nicht am Fortpflanzungsgeschehen teilnahmen. Es gab aber auch ein paar große Weibchen, die im Frühling schon mehrmals Eier gelegt hatten und nun hier gewissermaßen auf Sommerfrische waren, und sogar ein paar kleine Männchen. Die riefen zwar hin und wieder in einem der kleinen Tümpel im Randbereich des Baches oder aus dem größten der aufgestauten Kolke, aber keines der Weibchen war bereit, sich mit ihnen zu paaren. Nur zwei dieser Unken waren von derselben Wiese gekommen wie Bamba. Eines der kleinen Männchen war den Bach hinabgewandert. Es hatte seine Kaulquappenzeit in einer Radspur auf einer Forststraße verbracht und es gerade noch rechtzeitig geschafft, sie zu verlassen, bevor sie von den Forstarbeitern mit Schotter gefüllt und mit einer Planierraupe flachgewalzt worden war. Die meisten Jungtiere aber waren in einem größeren Tümpel geboren worden, der etwas abseits vom Bach am Rande einer kleinen Lichtung lag. Bamba war zwar bei ihrer Wanderung bachaufwärts in der Nähe dieses Tümpel vorbeigekommen, hatte ihn aber gar nicht bemerkt. Aus diesem Gewässer stammten auch viele der Springfrösche, die zumindest einen Teil des Sommers am Bach verbrachten.

Graureiher

Nicht alle Besucher dieses Bachabschnitts waren harmlos. Oft kamen Wildschweine vorbei, um sich in den vom Bach abgeschnittenen Tümpeln zu suhlen, in denen sich auch die Unken gerne aufhielten. Das war zwar für die Amphibien nicht ungefährlich, aber die häufigen Besuche der Wildschweine hatten doch auch ihre guten Seiten. Einmal landete ein Schwarzstorch am Bachufer, doch er hatte kein Jagdglück. Er war noch nicht lange auf der Suche nach Beute den Bach abgeschritten, als eine Wildschweinrotte auftauchte. Mit diesen rauen Gesellen wollte der Vogel nichts zu tun haben und suchte rasch das Weite. Auch der Reiher, der wenige Tage später auftauchte, zog bald wieder ab. Nicht, dass er Amphibien prinzipiell verschmäht hätte, aber seine bevorzugte Beute waren Fische – und die gab es so weit oben im Bach nicht mehr. Ein Stück unterhalb des offenen Bachabschnitts hatte sich schon vor Jahren eine Steilstufe gebildet, fast ein kleiner Wasserfall. Sie bildete ein unüberwindliches Hindernis für die Fische, die von unten her den Bach hinaufwanderten. Wären der Storch oder der Reiher länger geblieben, hätte Bambas Leben leicht im Magen eines Vogels enden können.

Als der Sommer sich seinem Ende entgegenneigte, dehnte Bamba ihre Sonnenbäder aus. Manchmal saß sie auf einem der zahlreichen Steine im Bachbett, an anderen Tagen suchte sie ein sonnenbeschienenes Uferstück auf. Ihr Lieblingsplatz war aber ein dicker Ast, der teilweise im Wasser lag und an den der Bach schon kleine Steinchen und Sand angeschwemmt hatte. Von dort konnte die Unke, wenn sie durch eine unerwartete Bewegung – etwa wenn ein Vogel knapp über ihr vorbeiflog – oder durch eine Bodenerschütterung erschreckt wurde, rasch ins Wasser springen. Sie tauchte dann sofort bis zum Grund des Bachkolks und versteckte sich zwischen dem Laub, das sich dort angesammelt hatte. Sie kam erst wieder heraus, wenn die Gefahr vorbei war – oder wenn sie Luft holen musste.

Von ihrem letzten Winterquartier war Bamba weit entfernt. Dennoch begann sie sich im Herbst allmählich bachabwärts zu bewegen, den Weg zurück, auf dem sie gekommen war. Hätte das milde Wetter noch länger angehalten, so hätte sie wieder denselben sicheren Zufluchtsort aufgesucht wie im Vorjahr. Doch ein plötzlicher Kälteeinbruch machte ihr einen Strich durch die Rechnung. Zwar gab es noch keinen Frost, aber die Temperaturen lagen nur noch knapp über dem Gefrierpunkt und die Unke kam langsamer voran. Tagelang blieb sie in dem Reisighaufen sitzen, in dem das kalte Wetter sie überrascht hatte. Erst als es wieder ein wenig wärmer wurde, wagte sie sich hervor. Nach einem ausgiebigen Sonnenbad begann sie sich nach einem Winterquartier umzusehen. Instinktiv wusste sie, dass sie keine weite Wanderung mehr riskieren durfte. Deshalb suchte sie in der Nähe nach einem geeigneten Ort. Es gab da einige Möglichkeiten: Löcher

Ein perfekter Platz zum Sonnenbaden

in den steilen Uferabschnitten des Baches, umgestürzte Bäume, unter deren Strünken es allerlei Hohlräume gab, Holzhaufen und größere Ansammlungen von Laub in Bodenvertiefungen.

Letztendlich fand sie einen Platz, der ihr zusagte, da er sie an ihr voriges Winterquartier erinnerte. Ein wenig unterhalb des offenen Bachabschnitts im Wald stand der riesige Baumstumpf einer mächtigen alten Buche, die vor einigen Jahren gefällt worden war. Unter den Wurzeln gab es mehrere Löcher, die immer wieder von verschiedenen Tieren als Unterschlupf genutzt wurden. Bamba entdeckte ein ganzes Netzwerk von Gängen. Doch noch war es nicht wirklich Winter. Auf die sehr kalte Woche Mitte September folgte eine Periode von mildem Spätsommerwetter. Nachts war es zwar oft schon recht kühl, aber die Tage waren sonnig und warm. Bamba nutzte diese Zeit, um sich noch einen ordentlichen Energievorrat für den Winter anzufressen. Sie war den ganzen Sommer über tüchtig in die Länge gewachsen, nun legte sie noch an Gewicht zu.

Die kalten Nächte verbrachte sie manchmal in einer Höhlung unter dem Baumstumpf, oft suchte sie aber auch unter einigen großen Ästen Zuflucht, die näher an dem offenen Bachabschnitt lagen. Von dort hatte sie es nicht so weit zu ihrem Sonnenbadeplatz und auf der grasigen Lichtung fand sie auch mehr Nahrung.

Als es aber schließlich immer kälter wurde, kehrte sie zu dem Baumstumpf zurück und kroch in das Gangsystem, wo sich bereits einige andere Unken und Frösche eingefunden hatten. Sie wählte nach Möglichkeit Röhren, die leicht abwärtsführten. Ihr Instinkt sagte ihr, dass sie weit unter der Bodenoberfläche sicherer war. Tatsächlich gelang es ihr, sich an einer bereits verrottenden, dicken, alten Wurzel entlang tief in den Boden hineinzuarbeiten. Viel Platz hatte sie da unten zwar nicht, aber dank der vielen Regenwurmgänge war die Luftversorgung ausreichend. Wie im Vorjahr musste Bamba nun mit den Vorräten, die sie sich angefressen hatte, bis zum Frühling auszukommen.

Frühlingserwachen

Dieser zweite Winter, den Bamba durchlebte, war ganz anders als der erste. Schon Ende Oktober fiel zum ersten Mal Schnee. Der blieb zwar nicht lange liegen, aber im November schneite es wieder kräftig. Vom Schnee selbst merkte Bamba in ihrem Versteck natürlich nichts, aber bei der Schneeschmelze wurde es in ihrem Winterquartier doch deutlich feuchter. Glücklicherweise versickerte das Wasser im Boden und füllte den Gang, in dem Bamba saß, nicht vollständig – sonst wäre es der Unke schlecht ergangen.

Nach einer neuerlichen Tauwetterperiode begann es Mitte Dezember wieder zu schneien. Diesmal wurde die Schneedecke richtig dick. So war der Boden gut vor der Kälte geschützt, die im Jänner hereinbrach. In manchen klaren Nächten sanken die Temperaturen auf sechzehn oder siebzehn Grad unter dem Gefrierpunkt. Ohne die isolierende Schneeschicht wäre der Boden bis in große Tiefen durchgefroren. Den Frost hätten die Amphibien, die unter dem Baumstumpf überwinterten, nicht überlebt. So aber lag die Temperatur in Bambas Winterquartier selbst in den kältesten Nächten zwei oder drei Grad über null. Wieder einmal hatte Bamba großes Glück gehabt.

Es dauerte im Frühling ungewöhnlich lange, bis der Schnee schmolz. Der Februar war fast durchgehend sehr kalt und es kamen immer wieder frische Schneeschichten hinzu. Selbst im März schneite es noch mehrmals. Zum kalendermäßigen Frühlingsbeginn war im Wald noch keine echte Frühlingsstimmung aufgekommen. Nur an einigen besonders sonnigen Stellen, wo der Boden sich schon ein wenig erwärmt hatte, blühten ein paar Frühlingsblumen. In der Bachau wuchsen Schneeglöckchen, auf sonnigen, nach Süden gerichteten Böschungen mischte sich das Violett der Leberblümchen mit dem hellen Gelb der Primeln.

Grasfroschknäuel

Ende März wurde es endlich wärmer. Ein warmer Wind aus dem Süden brachte den restlichen Schnee zum Schmelzen. Nur in einigen kühlen, schattigen Senken lagen noch größere Mengen davon. Nun brachten all die frühblühenden Pflanzen ihre Blüten hervor: Buschwindröschen und Scharbockskraut, Huflattich und Lungenkraut, Veilchen und Himmelschlüssel und viele andere mehr. Auch die Tiere, die den Winter schlafend oder in Winterstarre verbracht hatten, wurden nun aktiv.

Die Springfrösche waren die ersten, die an den Gewässern eintrafen. Das leise „Tok-tok-tok" der Männchen war zwar aus größerer Entfernung nicht zu hören, aber die Weibchen fanden dennoch zu den Tümpeln und Teichen, in denen die zukünftigen Väter ihrer Kinder saßen. Kurz darauf trafen auch die ersten Grasfrösche ein, deren knurrende Rufe schon etwas lauter erschallten. Wie üblich kam es zwischen den Grasfroschmännchen, die sich an manchen Gewässern in großer Zahl eingefunden hatten, immer wieder zu Rangeleien. Oft versuchten drei oder vier von ihnen, gleichzeitig dasselbe Weibchen zu klammern.

In den größeren Gewässern trafen alsbald die ersten Erdkrötenmännchen ein. Einige Tage später kamen auch die Weibchen an. Sie wurden sofort von den viel kleineren Männchen geklammert – wenn sie nicht sogar schon eines huckepack mitbrachten, das sie unterwegs getroffen hatten. Sie wickelten ihre langen Laichschnüre um Schilfhalme sowie Äste, die ins Wasser gefallen waren. An den Bächen – vor allem an den kleineren, in denen keine Fische lebten – setzten Feuersalamanderweibchen ihre Larven ab. Sie hatten sich schon im Vorjahr gepaart und die Eier hatten sich seitdem in ihrem Bauch entwickelt. Die Jungen, die sie nun zur Welt brachten, hatten bereits vier Beine, waren aber im Gegensatz zu den ausgewachsenen Salamandern nicht schwarz-gelb, sondern unauffällig braun gefärbt und trugen seitlich am Kopf zwei Büschel von Kiemen, mit denen sie im Wasser atmen konnten.

Salamanderlarve

Auch für Bamba wurde es Zeit, ihr Winterquartier zu verlassen, obwohl sie zunächst vom Frühlingsbeginn noch nicht viel merkte. Der feuchte Boden erwärmte sich nämlich nur langsam. So erblickte sie erst nach mehreren aufeinander folgenden warmen Tagen zum ersten Mal seit vielen Monaten wieder das Tageslicht. Bei diesem ersten Ausflug nach der langen Winterruhe unternahm sie nicht viel. Sie blieb in der Nähe des Baumstumpfs und genoss die wärmenden Strahlen der Frühlingssonne. Erst am nächsten Tag verspürte sie Hunger und ging auf Nahrungssuche. Noch war nicht allzu viel Kleingetier unterwegs, aber sie fand ein paar Ameisen und eine kleine Assel. Das war jedenfalls besser als nichts!

In den nächsten Tagen begnügte sie sich mit kurzen Beutezügen und verbrachte weiterhin viel Zeit in der Sonne. Manchmal war es gar nicht nötig, der Beute nachzustellen: Wenn sie ganz ruhig saß, setzte sich nicht selten eine Fliege oder ein anderes Insekt in ihrer Nähe hin, um auch ein wenig die Sonne zu genießen. Dann musste Bamba nur rasch zuschnappen. Für sie war das die beste Art, sich zu ernähren, da sie keine Energie damit verschwendete, nach Beutetieren zu suchen, sich an sie heranzupirschen und dann womöglich doch nicht zu erwischen. Über den Winter hatte sie an Gewicht verloren, aber nun nahm sie rasch wieder zu.

Bamba wird erwachsen

Wenn Bamba auch noch jahrelang weiterwachsen würde, konnte sie jetzt doch schon fast als erwachsen gelten. Irgendwie spürte sie das auch. Der Bach, an dem sie sich im Spätsommer und Herbst so wohlgefühlt hatte, erschien ihr nicht mehr als der richtige Aufenthaltsort. Sie begann wieder umherzuschweifen. Der feuchte Frühling war ideal für solche Erkundungsgänge. Dabei entdeckte sie den Tümpel oberhalb des Baches, aus dem einige der Unken, mit denen sie im letzten Herbst den Lebensraum geteilt hatte, gekommen waren.

Dort hatten mehrere Springfroschweibchen ihre Laichballen an im Wasser liegenden Ästen befestigt. Als Bamba eintraf, waren die meisten schon weit entwickelt. Dank der vielen Luftbläschen, die sich in der von Algen durchwachsenen Gallerte bildeten, waren sie zur Oberfläche aufgeschwommen und trieben nun wie grüne Fladen auf dem Wasser. Die Embryonen waren

Springfroschlaich

schon fast bereit zu schlüpfen. Außerdem hatten auch ein paar Grasfrösche hier abgelaicht. Ihre Laichballen, die sie im seichten, sonnigen Uferbereich abgelegt hatten, begannen sich bereits aufzulösen. Die

Grasfroschschlüpflinge

kleinen, länglichen schwarzen Schlüpflinge lagen oben auf den Gallertresten und warteten darauf, dass sich ihr Mund fertig entwickeln würde und sie beginnen könnten, der Hauptbeschäftigung ihres Kaulquappenlebens nachzugehen: dem Fressen.

Auch ein kleines Unkenmännchen, das vor zwei Jahren hier geboren worden war, war an den großen Tümpel zurückgekehrt. Zum ersten Mal in seinem Leben ließ es hier sein zartes „Uh-uh-uh" erschallen. Als der Unkerich Bamba bemerkte, schwamm er auf sie zu und klammerte sie mit seinen Armen dicht vor ihren Hinterbeinen. Bamba wusste nicht recht, wie ihr geschah. Noch war sie nicht so weit, dass sie sich fortpflanzen konnte! Sie machte sich möglichst lang und dünn und wand sich mit langsamen Bewegungen aus der Umklammerung heraus. Dabei stieß sie einen meckernden Befreiungsruf aus, ähnlich dem Gegackere eines geklammerten Männchens. Der Unkerich ließ sich relativ leicht abschütteln. Für ihn wäre eine größere Frau zweifellos interessanter gewesen.

Bamba hielt sich nicht lange an dem Tümpel auf. Erstens waren ihr die ständigen Annäherungsversuche des Männchens lästig – er probierte fast jeden Tag, sie zu klammern, da bisher noch keine andere weibliche Unke den Weg zu diesem Gewässer gefunden hatte –, zweitens störte sie das ständige Gewusel der Kaulquappen um ihre Füße, wenn sie sich im Wasser aufhielt. Außerdem zog diese Masse an Kaulquappen andere Tiere an, deren Nähe für Bamba bedenklich war. So hüpften zum Beispiel Amseln am Rand des Tümpels umher, wagten sich manchmal sogar ein Stück ins Wasser und pickten die kleinen, hilflosen Grasfroschkaulquappen, die sich im seichten Randbereich aufhielten, heraus. Einer dieser Vögel schnappte auch einmal nach Bamba und packte sie am Bein, ließ die Unke aber rasch fallen, als sie heftig zu zappeln begann. Bamba bog sofort ihren Rücken durch, hob Arme und Beine und legte die Hände so über die Augen, dass die Handflächen nach außen gekehrt war. So konnte sie ihre Warnfarbe am besten zur Geltung bringen. Das wirkte: Die Amsel gab auf, wohl nicht nur wegen der leuchtend gelben Flecken, die sie als Warnsignal erkannte (sie hatte schon unangenehme Erfahrungen mit schmerzhaft stechenden Wespen gemacht), sondern auch, weil die Unke viel zu groß war, als dass sie sie einfach hätte hinunterschlucken können. Sobald Bamba merkte, dass der Vogel sie nicht mehr unmittelbar bedrohte, suchte sie das Weite und verbarg sich auf dem Grund des Tümpels.

Dieses Erlebnis gab den Ausschlag: Bamba verließ das ungastliche Gewässer. Ohne recht zu wissen, warum, bewegte sie sich langsam am Hang aufwärts und entfernte sich dabei immer weiter von dem

In der Kahnstellung zeigt die Unke ihre Warnfarbe

Bach. In diesem Gebiet war sie noch nie gewesen. Der Buchenwald, durch den sie wanderte, war vor einigen Jahren ausgelichtet worden. An den dadurch entstandenen sonnigen Stellen wuchsen mehr Gräser und Kräuter als inmitten der dichteren Baumbestände. Das waren die besten Plätze für die Nahrungssuche. In den Radspuren, die beim Abtransport des Holzes mit großen Traktoren entstanden waren, stieß Bamba immer wieder auf Tümpel. In den größeren von diesen lebten meist schon irgendwelche Amphibien: Springfroschkaulquappen, Salamanderlarven und sogar Bergmolche begegneten Bamba. Sie hielt sich an keinem der Gewässer lange auf, sondern benutzte sie nur als Bade- und Rastplätze. Da es alle paar Tage regnete, war sie nicht an solche Orte gebunden, sondern konnte weiter umherstreifen.

Unken auf Wanderschaft

Trotz ihrer geringen Größe können Unken kilometerweit wandern. In den ersten Lebensjahren lernen sie beim Umherschweifen ihre Umgebung kennen. Später können sie dann ganz gezielt bestimmte Stellen wie etwa ein Laichgewässer oder ein Winterquartier aufsuchen. Oft sind es jüngere Tiere, die neue Tümpel entdecken und neue Gebiete besiedeln. Doch kehren manche Unken früher oder später an ihren Geburtsort zurück.

Erwachsene Unken halten sich mitunter über Jahre hinweg den ganzen Sommer lang an den gleichen Gewässern auf. Andere pendeln zwischen verschiedenen Teilbereichen ihres Lebensraumes. Nach Regenfällen suchen manche von ihnen Tümpel auf, die sich erst durch den Niederschlag füllen. Jedenfalls bleibt ein für Unken geeignetes Gewässer in einer Gegend, in der viele dieser Tiere leben, nur selten ungenutzt.

Partnersuche

Im Laufe des Frühlings wanderte Bamba immer weiter und weiter. Zwar hatte sie kein bestimmtes Ziel im Sinn und blieb manchmal mehrere Tage an einem Ort, der ihr zusagte, doch im Großen und Ganzen bewegte sie sich immer in dieselbe Richtung. Eines Tages erreichte sie eine größere Lichtung, an deren oberem Rand ein Quellaustritt lag. Entlang des Gerinnes, das von dort aus hangabwärts floss, hatten Wildschweine einige größere Tümpel ausgesuhlt. Die befanden sich zwar zum Teil am Waldrand und somit zumindest zur Hälfte des Tages im Schatten, aber trotzdem war das Wasser nicht allzu kalt. Auf der Lichtung und im angrenzenden Wald lagen Überreste toter Bäume herum, unter denen eine Unke sichere Ruheplätze finden konnte.

Derartige Verstecke waren, wie Bamba bald merkte, hier besonders wichtig: Wildschweine kamen regelmäßig vorbei, um sich zu suhlen und im Boden zu wühlen. Doch das hatte auch Vorteile. Solange die Wildschweine in der Nähe waren, hielt sich der Schwarzstorch fern – und der wäre für Bamba viel gefährlicher gewesen. Sie wusste ja bereits, was sie zu tun hatte, wenn sie spürte, dass sich eine Wildschweinrotte näherte. Meist suchte sie dann unter einem der größeren herumliegenden Stämme oder Äste Zuflucht.

Im Frühsommer war Bamba, die weiterhin tüchtig gewachsen war, bereits mehr als vier Zentimeter lang und gut genährt. In ihr reiften zum ersten Mal in ihrem Leben Eier heran. Nicht alle ihre Altersgenossinnen waren schon so weit. Viele würden erst nach ihrer dritten Überwinterung zum ersten Mal ablaichen. Für Bamba aber war es Zeit: Sie musste einen Ort suchen, der für Unkeneier und die Kaulquappen, die daraus schlüpfen würden, geeignet war. Hier auf der Lichtung traf sie zwar gelegentlich andere Unken, aber die meisten waren so wie sie Jungtiere, die sich bisher noch nicht fortgepflanzt hatten. Dazu kamen noch ein paar alte Weibchen, die zeitiger im Frühjahr schon Eier gelegt hatten und nun abseits der Fortpflanzungsgewässer, wo sie ständig von paarungswilligen Männchen bedrängt wurden, ihre Energiereserven wieder auffüllten. Diese älteren Weibchen kannten die Umgebung gut und wussten genau, wo es geeignete Laichgewässer gab. Leider hatte Bamba keine Möglichkeit, von ihren Erfahrungen zu profitieren. Sie musste schon selbst den Weg finden.

Doch sie hatte etwas, was ihr dabei half: ihren Instinkt und ihren Geruchssinn. Außerdem kannte sie ja auch schon einige Bereiche in ihrer Umgebung recht gut. Nach einem heftigen Gewitterregen machte sie sich eines Abends dem Quellbach folgend auf den Weg bergab. Zwar verlor sich das Gerinne alsbald irgendwo im Wald, doch sie behielt die ungefähre Richtung bei und kam noch im Laufe der Nacht auf einer großen Wiese an. Diese kam ihr bekannt vor und auch der Geruch war ihr vertraut. Sie zog unbeirrt weiter und machte nur ein paar kleine Pausen, um einen Regenwurm und ein paar Insektenlarven, die aus dem überschwemmten Boden geflüchtet waren, zu verspeisen. Im Morgengrauen erreichte sie den Tümpel nahe dem Unterrand der großen Wiese, an dem sie im Vorjahr ein paar Wochen verbracht hatte. Hier schallten ihr bereits die Rufe mehrerer Unkenmännchen entgegen.

Das Unkenmännchen wartet auf ein Weibchen

Der Tümpel war nicht bis zum Rand mit Wasser gefüllt. Trotz der relativ häufigen Regenfälle im Frühjahr war vor dem letzten Wolkenbruch der Wasserstand schon deutlich zurückgegangen gewesen. Immerhin war noch fast die ganze Fläche von Wasser bedeckt und in der Mitte gab es ein paar wirklich tiefe Stellen.

Bamba näherte sich dem Gewässerrand eher vorsichtig. Sie wusste ja nicht, was sie hier erwartete. Doch als sie sich langsam die Böschung hinunterbewegte, wurde sie von zwei Unkenmännchen bemerkt. Das eine hatte in der Nähe des Ufers gerufen, das andere saß ganz unauffällig zwischen den Binsen im Randbereich des Tümpels. Dadurch, dass es nicht erst zum Ufer schwimmen musste, hatte dieses Männchen einen Startvorteil und erreichte Bamba zuerst, gerade als sie am Rand der Wasserfläche angekommen war. Es stürzte sich begeistert auf sie und klammerte ihren Leib knapp vor den Hinterbeinen. Besonders angenehm war das zwar für Bamba nicht, aber sie ließ es geschehen. Noch ehe sie aber einen Schritt machen konnte, war auch das zweite Männchen zur Stelle. Dieses war viel größer als das erste, bei dem es sich um ein unerfahrenes Tier handelte, das im selben Jahr geboren worden war wie Bamba. Das große Männchen war alt genug, um der Großvater der beiden zu sein!

Drei Männchen zugleich klammern das Weibchen

Es drängte sich von der Seite heran und versuchte, sich zwischen Bamba und das kleinere Männchen zu schieben. Als ihm das nicht gelang, hängte es sich einfach von hinten an seinen Konkurrenten dran. Der versuchte mit aller Kraft, den größeren Unkerich abzuwehren. Er stieß mit seinen Füßen kräftig nach hinten und ließ das zudringliche Männchen die spitzen, dornigen Warzen an der Außenseite der Hinterbeine spüren. Dabei stieß er gackernde Laute aus, die dem anderen klarmachen sollten, dass er sich gerade an einem Männchen vergriff. Gleichzeitig verstärkte er seinen Klammergriff um Bambas Bauch. Sie bekam die rauen, hornigen Brunftschwielen an seinen Unterarmen und Fingern deutlich zu spüren!

Bamba wurde das alles zu viel. Mit den beiden Männchen im Schlepptau stieg sie ins Wasser – richtig springen konnte sie nicht mehr mit all dem Anhang – und tauchte unter, leider nicht, bevor sich ein drittes Männchen, das von der anderen Seite des Tümpels herangeschwommen kam, in das Geschehen einmischen konnte. Der Kampf um die Gelegenheit, Bambas Eier zu besamen, ging teils unter, teils über Wasser vonstatten. Das dritte Männchen klammerte sich von unten an Bamba. Der zweite Unkerich drängte sich allmählich zwischen sie und das erste Männchen. Unerbittlich bedrängte dieses große Tier seinen kleineren Konkurrenten und schaffte es schließlich, ihn beiseitezuschieben. Das kleine Männchen versuchte noch eine Zeit lang, seine Position zurückzuerobern, doch schließlich gab es auf und kehrte an die Wasseroberfläche zurück. Wenigstens konnte es jetzt die Stelle einnehmen, von der aus der andere vorher gerufen hatte!

Auch der Unkerich, der an Bambas Bauch hing, zog sich zurück, nachdem er einige Fußtritte von dem größeren Männchen abbekommen hatte. Es war auch höchste Zeit, Bamba war bei all dem Gerangel kaum dazu gekommen, nach Luft zu schnappen. Das holte sie nun rasch nach, bevor sie in die Mitte des Tümpels abtauchte.

Bamba und ihr Verehrer hielten sich längere Zeit am Tümpelgrund auf. Doch irgendwann musste sie wieder Luft holen und tauchte, immer noch von dem Männchen geklammert, zwischen einigen Binsenhalmen auf. Dabei vermied sie heftige Bewegungen und verhielt sich überhaupt sehr unauffällig. Sie wollte nicht noch weitere Männchen anlocken und womöglich bei deren Konkurrenzkampf zu Schaden kommen!

Im Laufe der nächsten Stunden bewegte sich Bamba im Tümpel umher, wobei sie meist unter Wasser blieb. Dabei interessierten sie besonders die verschiedenen Halme und Äste im Wasser. Sie wusste instinktiv, was sie für das Ablegen ihrer Eier brauchte.

Endlich fühlte sie, dass es so weit war. Noch einmal betastete sie den Binsenhalm, den sie sich zur Eiablage ausgesucht hatte, mit den Fingern. Dann strich sie mit ihren Hinterbeinen über die Bauchseite des Männchens. Der erfahrene Unkerich erkannte dieses Signal und krümmte seinen Rücken. Er musste sich ganz schön verrenken, um sein Hinterende in die richtige Position zu bringen, da er um gut einen Zentimeter länger war als das kleine Weibchen. In dem Moment, als Bamba in Sekundenschnelle ihre Eier abgab, stieß er die Spermien aus. Bamba hängte sich mit einem Arm an den Binsenhalm und schwamm, mit dem Hinterbein rudernd, so um den Halm herum, dass die Eier um ihn gewickelt wurden. Viele waren es nicht, aber Bamba war ja auch noch nicht fertig. Nach und nach legte sie bis zum Abend etwa vierzig Eier, die sie auf fünf Portionen verteilte. Dann, als sie spürte, dass sie alle reifen Eier abgesetzt hatte, wand sie sich langsam aus der Umklammerung des Männchens. Er versuchte zunächst noch, sie zu halten, ließ sie dann aber bald los.

Als Bamba erschöpft an Land ging, wollte sie das erste Männchen, das sie geklammert hatte, wieder packen, aber es gelang ihr, ihm auszuweichen und unter den Binsen am Tümpelrand Zuflucht zu suchen. Hier erholte sie sich einige Stunden von den ungewohnten Strapazen des Eierlegens, bevor sie am Abend auf die Wiese ging, um nach Nahrung zu suchen.

Heimkehr

Hier in dieser Gegend kannte sich Bamba einigermaßen aus. So wusste sie, dass es nicht allzu weit zu dem kleinen Bach im Waldstreifen war, an dem sie im vorigen Sommer einige Zeit verbracht hatte. Dorthin wandte sie sich, nachdem sie ein paar Insekten erbeutet hatte. Sie hätte natürlich auch zum Tümpel zurückkehren können, aber irgendwie fühlte sie, dass sie dort sicher wieder von den Männchen bedrängt werden würde. Bamba begegnete einem Weibchen, das auf dem Weg zum Tümpel war, und einem weiteren, das annähernd gleichzeitig mit ihr seine Eier dort abgelegt hatte und nun so wie Bamba einen anderen Aufenthaltsort suchte. Ansonsten traf sie keine Artgenossen.

Auf den heftigen Regenguss, der die Unken zum Ablaichen angeregt hatte, folgte eine längere heiße und trockene Periode. Bamba blieb die meiste Zeit in dem Waldstreifen, wo das Bächlein von Tag zu Tag schwächer floss. Diesmal folgte sie nicht der Fließrichtung des Baches, sondern ging der Strömung (die ohnehin kaum mehr zu spüren war) entgegen. Es zog sie zurück zu der Wiese, die weiter oben am Hang lag. Sie hatte es aber keineswegs eilig. Im Augenblick war es für sie wichtig, möglichst viel zu fressen. Sie hatte viel Energie in ihre Eier investiert und musste nun ihre Reserven wieder auffüllen. Außerdem war sie ja immer noch im Wachstum.

So erreichte sie erst nach zwei Wochen den Waldrand und wanderte dann ebenso langsam im Wald weiter bachaufwärts. Doch eines Tages wurde es vor ihr wieder heller. Dort oben, nur noch einige Unkenhüpfer entfernt, lag die Wiese, auf der sie als Kaulquappe gelebt und ihr Leben an Land begonnen hatte. Bamba war wieder zu Hause!

Ein Mensch, der nach Jahren der Abwesenheit in seinen Heimatort zurückkommt, hat wohl meist das Bedürfnis, das Haus, in dem er seine

Kindheit verbracht hat, aufzusuchen und zu sehen, ob es immer noch so ist, wie er es in Erinnerung hat. Bamba hingegen verspürte keinen Drang, genau an den Tümpel zurückzukehren, in dem ihr Leben begonnen hatte. Für sie war es genug, wieder auf der Wiese zu sein. Doch selbst wenn sie den Tümpel gesucht hätte, hätte sie ihn nicht gefunden: Vor einiger Zeit waren Forstarbeiter beim Abtransport von Holzstämmen mit einem schweren Traktor quer durch das Quellbächlein gefahren. In

Ein neuer Tümpel auf der Wiese

den tiefen Radspuren, die dabei entstanden waren, sammelte sich das Wasser und floss dann von dort so ab, dass es den Tümpel nicht mehr erreichte. Der lag daher schon seit Wochen meist trocken und hatte sich mit totem Gras, Laub und Bodenteilchen gefüllt.

Bamba blieb zunächst auf der westlichen Seite der Wiese, durch die der Waldbach floss. Hier gab es viele Tümpel und Pfützen sowie feuchte Bodenstellen. Das Schilf, das auf diesen Feuchtflächen wucherte, war in diesem Jahr gut gewachsen und schon höher als ein erwachsener Mensch. Doch gab es dazwischen einige offene Bereiche, in denen die Sonnenstrahlen bis zum Boden vordringen konnten. Bamba musste also nicht auf ihr morgendliches Sonnenbad verzichten. Hier hielten sich viele Unkenweibchen und einige Jungtiere auf, darunter auch zwei Geschwister von Bamba. Das war den Unken freilich egal, sie erkannten einander nicht. Die beiden waren bei Weitem nicht so gut gewachsen wie Bamba und hatten bisher noch keine Eier gelegt. Auch ein paar ganz frisch metamorphosierte Jungtiere waren schon unterwegs. Manche von ihnen hatten sogar noch Reste ihres Schwanzes.

Obwohl der Sommer schon weit fortgeschritten war, reiften in Bambas Eierstöcken noch einmal ein paar Eier heran. Etwa einen Monat nach ihrem ersten Ablaichen verspürte sie nach einer kurzen Regenwetterperiode wieder das Bedürfnis, einen für den Nachwuchs geeigneten Tümpel aufzusuchen. Auch in diesem mit Schilf überwucherten Teil der Wiese gab es einige ganz nette Tümpel entlang des Bächleins, die entweder gar nicht oder nur schwach durchströmt waren. Bamba hätte nur ein wenig stromabwärts gehen müssen, um in diesen Bereich zu gelangen. Aber es zog sie nun doch unwiderstehlich dorthin, wo ihr Leben seinen Anfang genommen hatte. Eines Nachts machte sie sich entschlossen zu jenem anderen Teil der Wiese auf. Es war gar nicht so einfach für sie, ihre Richtung beizubehalten. Sie konnte die dicken Schilfhalme ja nicht beiseitedrücken, sondern musste sie umgehen. Als sie sich dem Graben näherte, der sich in der Mitte der Wiese hangabwärts erstreckte, lichtete sich der Schilfbestand. Allmählich wurde er von Binsen abgelöst. Um die Binsenbüschel musste die Unke noch größere Umwege machen.

Jenseits des Grabens war der Boden trockener, hier wuchsen typische Wiesenpflanzen: verschiedene Gräser und Kräuter, sogar einige Orchideen. Auch hier gab es für ein Tier von Bambas Größe viele Hindernisse. Doch dann stieß sie auf einen Wildschwein-Trampelpfad, auf dem kaum noch Pflanzen wuchsen. Er führte ungefähr in die richtige Richtung, und da das Fortkommen auf ihm viel bequemer war, folgte Bamba ihm. Und so kam sie direkt zu der neuen Radspur, die etwas oberhalb ihres Geburtsortes lag.

Das Gewässer, das sich in der Radspur gebildet hatte, bestand aus drei miteinander verbundenen Tümpeln. Insgesamt war es mehrere Meter lang und in der Mitte fast einen halben Meter tief. Ein paar Unken hatten hier schon ihre Eier gelegt und es schwammen auch schon Unkenkaulquappen verschiedener Größen im Wasser herum. Aber dadurch, dass der Tümpel erst zu einem Zeitpunkt entstanden war, als die meisten Unkenweibchen schon einmal oder sogar mehrmals abgelaicht hatten, hatte sich der Andrang in Grenzen gehalten und das Gewässer wirkte keineswegs überfüllt.

Der Kreis schließt sich

Bambas Ankunft an diesem Tümpel blieb nicht unbemerkt: Kaum war sie ins Wasser gesprungen, wurde sie schon von einem Männchen angeschwommen. Irgendetwas kam ihr an dessen Bewegungen seltsam vor, und als er sie klammerte, merkte sie, dass etwas anders war: Dem Männchen fehlte ein Teil des linken Armes! Dieses Tier hatte eine bewegte Geschichte hinter sich. Das Männchen hatte seine früheste Jugend in einem Tümpel am Rand einer Kahlschlagfläche durchlebt, die etwa einen halben Kilometer von der Wiese entfernt war. Das Gewässer war zwar gut für die Entwicklung von Kaulquappen geeignet gewesen, da es reichlich Nahrung und kaum Fressfeinde darin gegeben hatte, aber die Umgebung war nicht unbedingt ein Unkenparadies. Das einzige andere Gewässer in der näheren Umgebung war ein schattiger, intensiv von Wildschweinen genutzter schlammiger Quellaustritt, ansonsten war es im Umkreis des Tümpels überall ziemlich trocken.

Warum laichen Unken mehrmals im Jahr?

Manche heimischen Amphibien, die zeitig im Frühjahr laichen, wie zum Beispiel Erdkröten, Grasfrosch und Springfrosch, geben alle ihre Eier für dieses Jahr – meist sind es Tausende – auf einmal ab. Zwar nutzen sie auch Tümpel, bevorzugen aber doch etwas größere Gewässer, die über längere Zeit Wasser führen.

Unken laichen meist in kleinen Tümpeln, in denen gar nicht so viele Kaulquappen Platz hätten. Außerdem trocknen so kleine Gewässer oft aus oder werden zerstört. Die Unken verteilen daher ihre Eier auf mehrere Tümpel und legen sie über einen längeren Zeitraum, von April bis in den Sommer hinein, in kleinen Portionen ab. So ist die Wahrscheinlichkeit, dass zumindest ein paar ihrer Nachkommen bis zur Metamorphose überleben, größer.

Nach der Metamorphose hatten die kleinen Unken diesen ungastlichen Ort möglichst rasch verlassen. Zufällig hatte das Männchen die Richtung zur Wiese eingeschlagen, die es nach etwa zwei Wochen Wanderung (glücklicherweise hatte es in dieser Zeit mehrmals geregnet) erreicht hatte. Dort hatte der Unkerich seine Jugendtage verbracht. Als er geschlechtsreif wurde, war er an seinen Heimattümpel zurückgekehrt. Weibchen kamen dort nur wenige hin und sie hielten sich nie lange auf. So war es ihm in jenem ersten Jahr nicht geglückt, eine Partnerin für die Fortpflanzung zu finden. Später im Jahr war er wieder auf die Wiese gewandert, doch auch dort hatte er kein Glück mit der Suche nach einem paarungswilligen Weibchen gehabt. Immer waren ihm größere Männchen zuvorgekommen.

Im darauffolgenden Frühjahr hatte er wieder seinen Geburtsort aufgesucht. Inzwischen war er ja schon deutlich gewachsen und hätte vielleicht eine Chance gehabt, ein Weibchen zu erobern, wenn ihm nicht ein furchtbares Unglück zugestoßen wäre: Als eine Rotte von Wildschweinen an den Tümpel gekommen war, um sich dort zu suhlen, hatte er sich nicht schnell genug unter den Holzhaufen, der am Gewässerrand lag, zurückgezogen. Eines der Wildschweine, ein großes, schweres Tier, war ihm mit seinem Hornhuf genau auf den Arm gestiegen. Zu allem Überfluss war das Männchen in diesem Moment gerade auf einem Stein zu sitzen gekommen, sodass der Arm zwischen den beiden harten Flächen regelrecht zerdrückt worden war.

Mit Müh und Not hatte der Unkerich sich dann in Deckung begeben, den nutzlos gewordenen Arm mitschleifend. Der Knochen war natürlich vollkommen zerstört und auch Haut und Muskeln waren schwer beschädigt gewesen. Die Wunde hatte sich infiziert und schließlich war die untere Hälfte des Armes total abgestorben und abgefallen. Das Männchen hatte lange gebraucht, um sich von diesem Unfall zu erholen. Es hatte stark an Gewicht verloren und war in seinen Bewegungen eingeschränkt gewesen. Doch allmählich hatte der Unkerich sich daran gewöhnt, sich auf dreieinhalb Beinen zu bewegen. Er war kaum langsamer als seine Artgenossen und kam mit seiner Behinderung gut zurecht. Eine Ausnahme gab es dabei allerdings: Wenn es darum ging, ein Weibchen zu klammern, war er gegenüber anderen

Unkenmännchen eindeutig im Nachteil. Zwar hatten sich auf dem Armstumpf Brunftschwielen gebildet, doch konnte er ein Weibchen – vor allem, wenn es sich um ein größeres Tier handelte – nicht gut festhalten, besonders wenn ein anderes Unkenmännchen versuchte, ihn zu verdrängen. Er war jetzt vier Jahre alt und hatte sich noch nie erfolgreich verpaart.

So war sein Enthusiasmus groß, als er Bamba zu fassen bekam. Sie war nicht so groß und dick wie manche der anderen Weibchen, bei denen er in diesem Jahr schon sein Glück probiert hatte. Er packte sie, so gut er es mit seinen eineinhalb Armen konnte. Bamba spürte zwar den Unterschied, aber es spielte für sie keine Rolle. Für sie war nur wichtig, dass das Männchen ihre Eier besamen würde. Es waren zwar noch einige weitere Männchen im Tümpel, aber die hatten sich bei Bambas Ankunft in einem anderen Teil des lang gestreckten Gewässers aufgehalten, wo auch gerade ein Weibchen ins Wasser gegangen war, und ihr Kommen gar nicht bemerkt.

Bamba tauchte gemeinsam mit ihrem neuen Partner auf den Tümpelgrund. Das Paar verhielt sich sehr ruhig und kam im Laufe der nächsten Stunden nur gelegentlich zum Luftholen an die Oberfläche. So blieben sie von den anderen Unken unbemerkt. Und schließlich war es so weit: Bamba suchte sich den Zweig eines ins Wasser gefallenen Astes aus und begann mit der Eiablage. Für das Männchen war es zwar das erste Mal, aber es wusste instinktiv, was es zu tun hatte: Es krümmte seinen Rücken und stieß seine Samenflüssigkeit in demselben Moment aus, in dem Bamba die Eier abgab. Diesmal legte sie nur drei Laichpakete, insgesamt etwa dreißig Eier.

Aus Bambas ersten Eiern in jenem größeren Tümpel auf der Wiese weiter unten am Hang waren inzwischen schon längst Kaulquappen geschlüpft. Doch obwohl sie rasch wuchsen und sich zunächst gut entwickelten, hatten sie kein Glück: Der Tümpel trocknete aus, bevor sie ihre Metamorphose beenden konnten. So kamen Bambas erste Kinder um – wie viele andere Kaulquappen auch. Mit ihrem zweiten Gelege hatte Bamba mehr Erfolg. In der Radspur rann das Wasser aus einem größeren Bereich zusammen, sodass der Wasserstand bis in den Herbst hinein ausreichend hoch blieb. Aus diesem Tümpel gingen viele kleine Unken hervor, darunter auch mehrere Kinder von Bamba. Der Kreis des Lebens hatte sich geschlossen.

Bamba lebte noch viele Jahre teils auf der Wiese, teils an einem der Bäche, die sie auf ihren Wanderungen kennengelernt hatte. Jedes Jahr laichte sie ab, meist sogar mehrmals. Obwohl viele der Kaulquappen, die sich aus den Eiern entwickelten, auf die eine oder andere Art umkamen, überlebten doch jedes Jahr zumindest ein paar von ihnen bis zur Metamorphose. Von diesen wiederum schafften es nicht alle, ein geeignetes Winterquartier zu finden. Nur etwa jede hundertste Unke überlebte, bis sie geschlechtsreif war und sich an der Fortpflanzung beteiligen konnte. Doch als Bamba im Alter von mehr als zwanzig Jahren nach einer Überwinterung nicht mehr aufwachte, waren in dem Gebiet, in dem sie ihr Leben verbracht hatte, nicht nur mehrere ihrer Kinder, sondern auch eine ganze Reihe ihrer Enkel, Ur- und Ururenkel unterwegs.

Unken beim Ablaichen

Die Autorin

Dr. Birgit Gollmann

wurde 1964 in Wien geboren. Sie absolvierte ein Lehramtsstudium aus Biologie und Umweltkunde und ist promovierte Zoologin. Heute unterrichtet sie an einer allgemeinbildenden höheren Schule und leitet ein amphibienökologisches Praktikum an der Universität Wien. Seit über zwanzig Jahren betreibt sie zusammen mit ihrem Mann eine Populationsstudie an Gelbbauchunken. Sie ist Autorin mehrerer Sachbücher und zahlreicher wissenschaftlicher Publikationen.

Unser Buchtipp

Roswitha Lunetta-Kapp
Dr. Monika Germ
Der grüne Regenwurm
ISBN: 978-3-940367-50-1 - Hardcover, 30 Seiten, farbig bebildert

Der grüne Regenwurm wird in der Zeit des Wachstums im Kokon bis zum erwachsenen Regenwurm begleitet. Das erzählende Sachbuch ist besonders geeignet für Schulen und Kindergärten. Den Kindern soll ein Einblick in die Natur gewährt werden.

Der grüne Regenwurm ist ein Gemeinschaftsprojekt von Frau Dr. Monika Germ, Österreich, und der Autorin Roswitha Lunetta-Kapp, Deutschland. Die wissenschaftlichen Arbeiten und die Originalfotos stammen von Frau Dr. Monika Germ.